जलता हुआ रथ

स्वदेश दीपक

वाणी प्रकाशन

वाणी प्रकाशन

4695, 21-ए, दरियागंज, नयी दिल्ली 110 002

फ़ोन : +91 11 23273167 फ़ैक्स : +91 11 23275710

शाखाएँ

अशोक राजपथ, पटना 800 004, बिहार

कॉफ़ी हाउस कैम्पस, महात्मा गांधी मार्ग, इलाहाबाद 211 001, उत्तर प्रदेश

महात्मा गांधी अन्तरराष्ट्रीय हिन्दी विश्वविद्यालय, वर्धा 442 001, महाराष्ट्र

सुल्तानिया रोड, मोतिया पार्क, भोपाल 462 001, मध्य प्रदेश

www.vaniprakashan.com
marketing@vaniprakashan.in
sales@vaniprakashan.in

JALTA HUA RATH
by Swadesh Deepak

ISBN : 978-81-7055-596-4
Play

संस्करण 1999, 2009

आवृत्ति 2020

मूल्य : ₹ 150

सिटी प्रेस, दिल्ली-110 095 में मुद्रित

वाणी प्रकाशन का लोगो मक़बूल फ़िदा हुसेन की कूची से

विकास नारायण राय के लिए

The queen was in a furious passion, and went stamping about, and shouting 'off with his head !' or 'off with her head !' about once in a minute.

—Alice's Adventures in Wonderland lewis carroll.

कविता : खाली मनीआर्डर लेकर अवतार
आकाश से उतर रहे हैं...

—सौमित्र मोहन

माओ के शवों को रौंद डालो...

—अशरफ़

जलता हुआ रथ

प्रथम मंचन : श्री राम सेन्टर रेपेटरी, दिल्ली
27 नवम्बर-7 दिसम्बर, 1997
निर्देशक : सुरेश शर्मा

पात्र

अधेड़—बाबा

बूढ़ा—झंडा

युवक

बूढ़ी औरत

कुछ डरी आवाज़ें

लड़की—छोटी दुर्गा

लड़कियाँ

जवान औरत

अन्धी—मुन्ना

सिपाही

बाबू

बाबू का बेटा

पेण्टर केवल

किशन सिंह

अमृता

इकबाल

अभिनेता

असलम काजमी

नेता

दो चमचे नेता के

नुक्कड़-नाटक मंडली के कुछ अभिनेता

दाड़ीवाला गायक अभिनेता

कुछ और लोग, भिखारी मंडली के

अंक एक

दृश्य एक

[स्थान : बाड़ा। बड़ी सड़क से थोड़ा हट कर बना। कुछ मर्द, औरतें, बच्चे जमीन पर बैठे रोटी खाते हुए। कुछ समूह में बैठे, कुछ अकेले-दुकेले। सड़क से आती यातायात, रेडियो, टेलीविजन की आवाजें। बाड़े के बाहर खड़े हों तो सड़क पर चलते लोग, मोटर गाड़ियाँ आदि दिखाई देती हैं। बाड़े के लोग इन आवाजों के आदी हो चुके हैं। खाने में मगन।

एक अधेड़-आयु आदमी का प्रवेश। थोड़ी देर इन खाते हुए लोगों को देखा, सड़क किनारे पड़ी ईंट उठाई, बाड़े के बाहर जमीन पर रखकर बैठ गया। खाते लोगों ने इस आदमी की तरफ देखा, उनके चेहरों पर हैरानी, भय का भाव। इन सबसे थोड़ा अलग हटकर बैठी औरत ने सिर उठाकर देखा तक नहीं। फटी-पुरानी मर्दाना कमीज! ऊपर के बटन खुले। शायद हैं ही नहीं। अखबार पर रखी रोटी तोड़ मुँह में डालने के लिए नीचे झुकती है तो सीने का ऊपरवाला हिस्सा दिख जाता है।

अधेड़ आयु आदमी के चेहरे पर शांत मुस्कान। खाते हुए एक आदमी ने पास बैठे बूढ़े को कुहनी मारी, नए आए अधेड़ की तरफ इशारा किया]

बूढ़ा : कौन हो भाई। क्यों बैठे हो वहाँ ! नए आए हो शहर में !

रास्ता तो नहीं भूल गए।

अधेड़ : कौन हो भाई। क्यों बैठे हो बाड़े में। छत नहीं। दरवाजे नहीं। फिर खिड़कियाँ क्यों कर होंगी। रास्ता तो नहीं भूल गए अपने घरों का।

बूढ़ा : देख नहीं सकते। आदमी हैं।

अधेड़ : देख नहीं सकते। आदमी हूँ।

(छोटी चुप्पी)

बूढ़ा : क्यों देख रहे हो इस तरह। रोटी खाते लोग देखे नहीं कभी। कुछ खाना है। दूँ रोटी।

अधेड़ : नहीं। कुछ नहीं खाना।

युवक : क्यों ?

अधेड़ : क्योंकि मुझे भूख लगी है। इसलिए कुछ नहीं खाऊँगा **(हँसी। कुछ आवाजें–पागल। डरने की कोई बात नहीं)**

बूढ़ा : कुछ खाना नहीं तो क्यों बैठे हो यहाँ। क्या देख रहे हो ? क्या चाहिए।

अधेड़ : वह। जिस पर रखकर तुम खा रहे हो।

बूढ़ा और युवक: पुरानी अखबारों के टुकड़े। क्या करोगे !

अधेड़ : दो। पढ़ूँगा।

बूढ़ी औरत : मैं देती हूँ। पढ़ो और दफा हो। पागल। किसी को…। **(अधेड़ ने आगे बढ़ किसी पुरानी पत्रिका का कागज उसके हाथ से झपट लिया। कभी कागज का कोण बदला कभी अपने सिर का। पढ़ने की कोशिश। असफल)**

अधेड़ : सुनती हो। मेरा चश्मा देना। अखबार आ गई। टेबल लैम्प कहाँ गया। **(चुप्पी। गुस्से में)** चश्मा। टेबल लैम्प। लाइट। हू हैज रिमूण्ड माई टेबल लैम्प। लाइट, चश्मा। डैम यू। **(सबके चेहरों पर डर, एक छोटी लड़की उठी, उसका हाथ पकड़ बिजली के खम्भे के नीचे ले गई। अधेड़ ने कागज आँखों आगे किया। पलटा। दोनों तरफ छपी रंगीन तस्वीरें दिखाई दीं। वह देखता, पढ़ता है।)**

अधेड़ : **(हैरान)** इस पगड़ीवाले ने गले में टायर क्यों डाल रखा है। इसका सब्जी का थैला नीचे गिर गया। मूलियों को तो मिट्टी लग गई। इस टायर में आग क्यों लगा ली। बेचारा पागल।

जल मरेगा। **(कागज पलट कर)** इस लड़के को इतने सारे लोग क्यों मार रहे हैं। इसकी तो अभी दाढ़ी भी नहीं आई। किसने गिरा दी इसकी पगड़ी सड़क पर। इस लड़की का सिर तोड़ना पड़ा। **(आँखों के पास कागज लाया)** ही डाईड सेविंग हिज़ डैड सिस्टर। **(कागज फाड़ फेंकता है। ऊँची आवाज)** कौन जला रहा है इस पगड़ी वाले को ! किसने खून किया इस बच्ची का। बोलो। स्पीक आऊट।

डरी आवाजें : हमने नहीं किया। जब प्रधानमन्त्री का कत्ल…।

अधेड़ : कत्ल हुआ। मर गई। वैरी बैड। बहुत नुकसान !

बूढ़ा : क्या नुकसान।

अधेड़ : बेवकूफ। पूछता है क्या नुकसान। अब कौन कराएगा हिन्दू-सिख, हिन्दू-हरिजन में बँटवारा। अब कौन बदलेगा इंसान को वोटों में। कौन चुनेगा अब लकडियाँ इस देश की चिता के लिए। **(कुछ सोचकर)** इस जलते आदमी ने, बिन दाढ़ी लड़के ने, मरी हुई लड़की ने उसका कत्ल किया। तभी मार दिया लोगों ने। ठीक किया। खून का बदला खून। एन आई फ़ार एन आई।

लड़की : इन्होंने नहीं मारा था। जिसने मारा पुलिस ने उसी वक्त उसे पकड़…।

अधेड़ : फिर इनको क्यों मार रहे हैं लोग। इन्होंने जब मारा नहीं तो लोग क्यों खून करेंगे इनका। पागल हैं क्या लोग ? **(लड़की की बाँह पकड़ तीखी आवाज में)** झूठ। तू झूठ बोलती है। मुझे पागल समझती है।

लड़की : **(बाँह छुड़ा कर)** मैं झूठ नहीं बोलती, तू पागल है। सब शहरों में मारा था।

अधेड़ : **(दूसरा कागज आँखों के सामने लाया)** चुप। पढ़ने दे। ऐ ग्रेट ऐरा हैज कम टू एन एंड। वर्ल्ड लीडर्ज आर सैंडिंग देयर मोरनिंग मैसेजिज। द वोमेन हूम अटल बिहारी वाजपाई काल्ड दुर्गा हैज डाईड बाई द बुलैटस आफ हर ओन सिख गार्ड **(कागज नीचे किया)** वोह क्या कर रहा था। राष्ट्रपति। कौन था। क्या कर रहा था।

बूढ़ी : हमें नाम नहीं आता। लेकिन पगड़ी बाँधता था।

अधेड़ : अच्छा वोह ! फौज क्यों नहीं बुलाई।

युवक : दो दिन बाद फौज शहरों में आई। पहले आ जाती…

अधेड़ : **(तेज)** कैसे आ जाती पहले ? वह झाड़ू लगा रहा था प्रधान मन्त्री के घर।

बूढ़ी : झूठ मत बोल। राशटरपती और झाड़ू…

अधेड़ : मुझे याद है। उसने खुद कहा था। लिखा था। पढ़ा था। कहाँ **(नाचता है)** इंडिया टुडे, इंडिया टुडे। यह आदमी भी अपनी मौत नहीं मरेगा।

आवाजें : पागल। बिल्कुल पागल। अखबार पढ़ लेता है।

अधेड़ : **(उनकी तरफ झपटकर)** दो। और अखबार दो। पढ़ूँगा **(लोगों ने उसे अखबारों-पत्रिकाओं के कागज़ दिए। पढ़ता है।)** जब बहुत बड़ा पेड़ गिरे तो धरती हमेशा हिलती है **(कागज नीचे किया)** किसने कहा यह। पेड़ कौन। कौन-सी धरती हिली थी।

बूढ़ा : परधान मन्त्री राजीव गांधी।

(चुप्पी)

अधेड़ : अच्छा। वोह। जो बुलेट प्रूफ कपड़े पहन बच्चों को बहादुरी के इनाम देता है। प्रधान मन्त्री ने एक फिकरा बोल इतने सारे लोगों का खून मुआफ कर दिया।

लड़की : राज़ीव अंकल पालट…

अधेड़ : पालट नहीं। पायलेट। पी आई एल ओ टी। **(आँखें बंद कीं। सिर को हाथों में पकड़ दायें-बायें हिलाना शुरू किया)** याद नहीं आ रही। क्यों नहीं आ रही याद। आ गई। आ गई। **(हाथ सिर से हटा आँखें खोलीं। एक हाथ हवा में उठाया, मुट्ठी बन्द)**

इसका जो भी नाम है—गुंडों की सल्तनत का
मैं इसका नागरिक होने पर थूकता हूँ।
मैं उस पायलेट की
कमीनी आँखों में चुभता भारत हूँ।
हाँ, मैं भारत हूँ चुभता हुआ उसकी आँखों में
अगर इसका अपना कोई खानदानी भारत है

तो मेरा नाम उसमें से अभी काट दो।

युवक : तुम गाने लिखते हो तुम्हारा है।

अधेड़ : गाना नहीं। कविता। पाश की कविता।

आवाजें : पाश ! कौन पाश ! हम तो नहीं जानते।

अधेड़ : **(उदास)** तुम सब जानते हो। लेकिन तुम्हें पता नहीं। मैं पाश हूँ। तुम पाश हो। सारे के सारे गरीब पाश हैं जो इसके खानदानी भारत के नागरिक नहीं। थू। **(कुछ सोचता है)** जिस दिन यह आदमी मरेगा धरती तो क्या एक पत्ता भी नहीं हिलेगा। दोज हू लिव बाई स्वर्ड डाई बाई स्वर्ड। बाईबल। बाईबल। बाईबल।

बूढ़ा : यह भी मर गया। पत्ता तो क्या हिलना था, लोगों ने चाय की दुकान तक बंद नहीं की।

अधेड़ : चाय। चाय दो। गरमी लग रही है। चाय।

बूढ़ी : बिल्कुल पागल। कड़ाके की सरदी और इसे गरमी... ।

(युवक ने घड़े से पानी का गिलास भरा अधेड़ को पकड़ाया)

अधेड़ : **(गिलास मुँह के पास ले गया, फूँक मारी)** गरम है। धुआँ उठ रहा है। **(घूँट भरा)** चीनी कम डाला करो।

(कुछ लड़के-लड़कियों ने उसके गिर्द घेरा बनाया, नाचना शुरू किया। गाने लगे–चाय। चाय गरम। गरमागरम चाय। अधेड़ ने गिलास नीचे रखा। उनके साथ नाचना-गाना शुरू–चाय। चाय गरम। अधेड़ झटके से रुका)

अधेड़ : कब मरा।

कुछ आवाजें : कल।

अधेड़ : **(हैरान)** दोनों माँ-बेटा कल मर गए और मुझे पता ही नहीं। कहाँ था मैं कल **(ईंट पर बैठ सिर हाथों में पकड़ लिया)**

युवक : **(बूढ़े से)** इसने यहाँ रहना शुरू कर दिया...

बूढ़ा : तो भीख और कम मिलेगी। इस इलाके के लोग हमसे पहले ही दुखी आ चुके हैं। एक मुट्ठी आटा देते हैं और चेहरों पर कई मुट्ठी नफरत।

बूढ़ी : हमारी दुआ सुनते ही फड़ाक से दरवाजा बंद कर लेते हैं।

युवक : कुछ लोगों ने कुत्ते रख लिये हैं। हमारे पहुँचने से पहले

इनको पता चल जाता है। कितनी जोर से भौंकते हैं। कुत्तोंवाले घर भीख माँगने से डर लगता है। कुत्ते तो आदमी नहीं होते। कैसे मालूम पड़ जाता है उन्हें हम भिखारी हैं।

बूढ़ा : बू। बदबू। गरीबी से हमेशा बदबू निकलती है। भगवान भी पास से गुजरें तो नाक पर रूमाल रख लें। कुछ लोगों की तरह कुत्तों की नाक बहुत तेज होती है।

बूढ़ी : अब यह पागल यहाँ रहेगा। किसी को ईंट-पत्थर मार बैठा…।

बूढ़ा : तो लोग निकाल बाहर करेंगे इस इलाके से। लेकिन है कौन ? यहाँ क्यों आया ?

युवक : हो सकता है सी.आई.डी.वाला हो।

बूढ़ा : काँगरस वाला भी हो सकता है। भेस बदल वोटों का मोल भाव करने आया हो। पिछले चुनाव से पहले यह लोग…।

बूढ़ी : पाकिस्तान का जासूस न हो। सवेरे सामने के घर से भीख लेने गई। डिब्बे में बैठी साड़ी वाली औरत कह रही थी सरकार को सबूत मिले हैं पाकिस्तान के जासूस…।

लड़के-लड़कियाँ : बुड्डी। डिब्बा नहीं। टी.वी.।

बूढ़ी : हरामजादो। बको मत। **(अधेड़ की तरफ संकेत)** इसकी तरह पागल समझते हो। जीती-जागती औरत थी। सवेरे-सवेरे मुँह लिपा-पुता। आँखें मटका-मटकाकर बोल रही थी। लेकिन पाकिस्तानवालों से हमारी क्या दुश्मनी।

युवक : जासूस नहीं तो फिर कौन है।

बूढ़ा : काँगरसी नहीं तो फिर कौन है।

बुढ़िया : सी.आई.डी. नहीं तो कौन है।

लड़के-लड़कियाँ : पागल है। बस। पागल है। इसे यहाँ रहने दो न। कितने अच्छे गाने सुनाता है। हमारे साथ नाचता है। तुम तो हमेशा जूते मारते हो।

बूढ़ी : आज रात रह लेने दो। इसके पास तो फटी चादर तक नहीं। सवेरे तक अकड़ न जाये सरदी…।

युवक : सवेरे अपने साथ भीख माँगने ले जाऊँगा। इसे दूसरे इलाके में छोड़ खिसक लूँगा। फिर नहीं लौट सकता यहाँ। मेरी माँ बताया करती थी। पागल और पढ़े-लिखे हमेशा रास्ता भूल

जाते हैं।

(सबसे अलग बैठी जवान औरत ने गर्दन उठा घुमाई। बची रोटी कागज में लपेट चटाई के नीचे छिपाई)

जवान औरत : कौन आया है। किसके बारे में बातें कर रहे हो (**चुप्पी। थोड़ा गुस्सा**) मैं पूछती हूँ कौन है। बताते क्यों नहीं। मुझे डर लग रहा है।

अधेड़ : (**आँखें खोल**) कौन, कौन है।

औरत : तू। कौन है तू।

अधेड़ : (**ईंट से उठ उसके पास बैठा**) ओ लड़की। सिर पर कपड़ा ले। बंद कर कमीज के बटन। शर्म नहीं आती। बड़ों के सामने नंगे सिर बैठी है। तू अंग्रेजी स्कूल में पढ़ी है क्या ?

बूढ़ी : इसे क्या पता बटन खुले हैं। अंधी जो है। अंधी।

अधेड़ : कौन होते हैं अंधे !

लड़के-लड़कियाँ : जिन्हें दिखाई न दे।

अधेड़ : गलत। अंधे वो होते हैं जिन्हें दिखाई दे।

बूढ़ी : झूठा। तू पागल है। मैं देख सकती हूँ। कैसे हुई अंधी।

अधेड़ : हो। तुम अंधी हो। देख सकती तो इसकी कमीज़ के बटन बंद न करती। आँखोंवाले अंधे।

(बूढ़ी उठी। औरत के कमीज के ऊपरवाले बटन बंद किए। अपनी जगह लौटी। बैठी। थोड़ी सोच में। सड़क की तरफ से गाने की आवाज आई—दिल दा मुआमला है··· हाँ जी दिल दा मामला है···। सब खड़े हो गए। आवाजें—टी.वी.। टी.वी. शुरू। शुरू। बाड़े से बाहर निकलते हैं।)

अधेड़ : कहाँ जा रहे हो तुम सब।

आवाजें : दाढ़ीवाले का गाना सुनने।

अधेड़ : कौन है। क्या नाम है।

लड़का : पता नहीं। लेकिन पंजाबी में गाता है। जब आँख मार कर दिल दा मामला कहता है तो मजा आ जाता है।

अधेड़ : (**थोड़ा हैरान**) पंजाबी है। आँख मार कर दिल की बातें करता है (**गुस्सा**) नहीं नजर आते इसे खून के दरिया। जरूर अंधा होगा। (**उदास**) पंजाब का सौतेला बेटा। लेकिन

आँख कैसे मारता है। अंधे तो आँख मार ही नहीं सकते। **(सिवाय उस अंधी औरत के बाकी सब खोली के बाहर निकल गए। गीत की आवाज–हाँ जी दिल दा मामला है···)**

अन्धी : इधर आओ। मेरे पास बैठो। मुझसे बातें करो। कोई नहीं बैठता मेरे पास। कोई नहीं करता बातें। मैं अंधी जो हूँ।

अधेड़ : **(उसके पास बैठता है)** तू अपने आप से बातें कर लिया कर। दूसरे लोग तो बुरी बातें करेंगे। दुःख की बातें, महँगाई की बातें, कड़वी बातें। लेकिन अपने आप से तो हम हमेशा मीठी बातें कर सकते हैं। **(चुप्पी)** लेकिन बड़ा मुश्किल होता है खुद से बातें करना। मैं तो सारा दिन खुद सवाल करता हूँ, खुद जवाब दे लेता हूँ। तू उदास मत हो। मैं सिखाऊँगा तुझे। लेकिन है मुश्किल। बहुत मुश्किल

औरत : तेरी उमर क्या है। जवान है ?

अधेड़ : नहीं।

औरत : फिर तू बूढ़ा होगा।

अधेड़ : नहीं।

औरत : न बूढ़ा। न जवान। फिर क्या···।

अधेड़ : मैं अपने समय की गाली हूँ। शिखर दोपहर के बादवाला सूरज। जिसकी परिक्रमा पूरी होनेवाली हो वह सूरज।

औरत : तेरी घरवाली है।

अधेड़ : थी।

औरत : तेरे बच्चे। रिश्तेदार।

अधेड़ : थे।

औरत : घरवाली है, रिश्तेदार हैं, तो जा उनके पास। यहाँ क्यों आया है ?

अधेड़ : **(गुस्सा)** थे इज़ ब्लडी पास्ट टेंस। यू ईडियट।

औरत : **(डर)** क्या तू सचमुच पागल है ?

अधेड़ : क्यों ?

औरत : तू अंग्रेजी जो बोलता है। भीख माँगने जाती हूँ तो कुछ लोग इस बोली में गाली दे कर भगाते हैं। अंधी हूँ तो क्या हुआ। मुझे पता चल जाता है अंग्रेजी में गालियाँ दे रहे हैं। हरामी।

सुन। मुझे डर लगता है इस बोली से। मत बोला कर।

अधेड़ : ठीक डरती है तू। सारी दुनिया थर-थर काँपती है अंग्रेजी से। अपने देश में भी इसका राज है। द किंग इज डैड। लांग लिव द किंग। **(औरत डर से सिकुड़ गई)** डर मत। गलती हो गई। फिर नहीं बोलूँगा अंग्रेजी तेरे साथ।

औरत : सुन। एक बात पूछूँ। गुस्सा मत करना।

अधेड़ : पूछ।

औरत : जब भीख के लिए घरों के सामने पुकार लगाती हूँ तो मरद बाहर निकलते हैं। भीख देते हुए मुझे छूते हैं। छेड़ते हैं।

अधेड़ : अच्छा। छेड़ते हैं। तू खुश हो। जो सुंदर हो उसे छू लेने का मन करता है।

औरत : कैसा होता है सुंदर। मैंने तो देखा नहीं। अंधी जो हूँ। **(मधुर संगीत का टुकड़ा)**

अधेड़ : सुंदर सिर्फ आँखों से नहीं देखते। जब तपती दोपहर को आसमान में उड़ते पपीहे की पी-पी और आम के पेड़ पर बैठी कोयल की कूं-कूं की जुगलबंदी शुरू हो जाए तो वह सुंदर होता है। जब माँ अंगारों पर रोटी सेंकती है, एक खुशबू निकलती है, वह सुंदर होता है। जब बच्चा छाती से दूध पी रहा हो और उसकी साँस की मद्धम-मद्धम आँच माँ के गले को छू जाए, वह सुंदर होता है। जब किसी की याद दिल पर हाथ रख दे, एक सुलगती हुई खुशबूदार आँच का सेंक हमें लगना शुरू हो जाए, वह सुंदर होता है। **(मधुर संगीत का टुकड़ा बंद)**

औरत : **(उदास)** अच्छा फिर तो सुंदर बहुत सुंदर होता होगा। लेकिन मैं तो देख नहीं...।

अधेड़ : तू किस्मतवाली है जो देख नहीं सकती। देखने से मैला हो जाता है जो सुंदर हो। इसे हमेशा दिल में छिपाकर रखते हैं, सपनों की कैद में डाल देते हैं। जब जी चाहा देख लिया मन की आँखों से। कभी-कभी इसकी एक झलक मिलती है—गाने में, कविता में, बच्चे के रोने में और माँ की मिठाई जैसी गोद में।

औरत : गाना। लेकिन मुझे तो गाना भी नहीं आता। अंधी जो हूँ।

अधेड़ : आता है, तुझे आता है, लेकिन तू जानती नहीं। हम सबके दिल में एड़ियाँ उठाकर एक गाना खड़ा होता है, बाहर आने के लिए मचलता गाना। अपनी ही आवाज सुनने के लिए तरसता गाना। **(चुप्पी)** मैं सिखाऊँ तुझे गाना। पंजाबी गाना सीखेगी। गबरू जवान की तरह इठलाता गाना। हिन्दी गाना सिखाऊँ ? नई- नवेली दुल्हन की तरह शर्माता गाना।

औरत : **(उछाह)** मुझे गबरू जवान की तरह इठलाता गाना सिखा ।

अधेड़ : ठीक। तुझे बातें करना अच्छा लगता है न। तो गा मेरे पीछे : इकपल बही जांणां मेरे कोल
तेरे मिठड़े नी लगदे बोल।

औरत : इक पल बही...।

अधेड़ : खुल कर गा। गले से नहीं, दिल से गा। मेरे साथ गा।

दोनों : इक पल बही जांणां मेरे कोल
तेरे मिठड़े नी लगदे बोल।

(बाड़े के लोगों का प्रवेश। कुछ पल हैरान हो इन्हें गाता देखते हैं। फिर चारों ओर घेरा बना नाचना-गाना शुरू कर देते हैं।)

इक पल बही जांणां मेरे कोल
तेरे मिठड़े नी लगदे बोल।

संगीत, गाना तेज से तेजतर, प्रकाश धीरे-धीरे मद्धम होता हुआ।

दृश्य दो

सुबह : [भीख माँगने जाने की तैयारियाँ। लोगों ने चेहरों, शरीर के नंगे हिस्सों पर बदसूरत रंग पोत लिये हैं। एक भिखारी लाल रंग में कपड़ों के टुकड़े भिगोकर लड़के-लड़कियों के हाथ-पैरों में बाँधता। एक लड़की के मुँह पर नीला रंग; सिर पर बँधा गत्ते का मुकुट, माथे पर सिन्दूर का टीका–एक बदसूरत दुर्गा। बूढ़ा लंबी, पतली सलाई लिये उसके सामने खड़ा। लड़की लगातार चीखती–नहीं। नहीं। अधेड़ अपनी ईंट पर बैठा सब कुछ देखता हुआ]

बूढ़ा : **(लड़की को थप्पड़ मारकर)** कुत्ते की। निकाल जीभ बाहर।

निकाल।

लड़की : **(सिर दाएँ-बाएँ हिलाकर)** नः नः ना। पीड़ होगी। खून निकलेगा।

बूढ़ा : **(युवक से)** पकड़ हरामजादी के बाल। रोक इसका सिर हिलाना। (युवक ने मुट्ठी में उसके बाल जकड़ लिये। लड़की का सिर हिलना बन्द। बूढ़ी ने दोनों गालों को जोर से दबाया। उसकी जीभ बाहर लटक आई। बूढ़ा सलाई पास लाया। वह चीखी। जीभ अंदर कर ली। बूढ़े ने उसे लगातार मारना शुरू कर दिया। अधेड़ उठा, उनके पास आया)

अधेड़ : **(बूढ़े से)** तेरा नाम क्या हैं।

बूढ़ा : **(कटी बाँह दिखा)**–टुंडा।

अधेड़ : आदमी गंदा तो नाम भी गंदा। ठहर। पहले तेरा नाम बदल दूँ **(चुप्पी)** ठीक। टुंडा नहीं। झंडा।

बूढ़ा : साला पागल। यह कोई नाम है। झंडा। हुँह।

अधेड़ : मेरे भाई तू हमारा झंडा है। हमेशा नीचे लटका हुआ **(उसे सलामी देता है)** झंडा ऊँचा रहे हमारा (कुछ लड़के-लड़कियाँ उसकी नकल में गाते हैं–झंडा ऊँचा रहे हमारा। बूढ़ा थोड़ा खुश, थोड़ा अकड़कर खड़ा हो गया।

अधेड़ : बता भाई झंडा। क्यों लगा रहा है इसकी जीभ में सलाई।

झंडा : जितना दर्द, उतनी जादा भीख। और सुन। मेरे काम में दख़ल मत देना। अंदर करवा दूँगा। यहाँ रहने की पुलिसवालों को दिहाड़ी देता हूँ।

अधेड़ : वाह भाई वाह। तू तो लीडर निकला। जिसे चाहे पकड़वा दे। तुझे एक हाथवाली पार्टी से इलेक्शन लड़वायेंगे **(हथेली सामने कर, भाषण की आवाज–'सरकार वह चुनिए जो काम करती हो')** **(बच्चों की तालियाँ)**

अधेड़ : **(लड़की से)** तू जीभ में सलाई क्यों नहीं लगवाती।

लड़की : खून निकलेगा। दर्द होगा। पहले टुंडा मुझे हनुमान बनाता था। भीख माँगने जाती थी तो लड़के मेरी पीठ पर बँधी पूँछ खींचते थे। एक दिन मेरी सलवार उतर गई। मैं नंगी हो गई। अगर लड़कों ने जीभ में लगी सलाई पकड़ ली तो ! नहीं। मैं नहीं लगाऊँगी सलाई। नहीं माँगूँगी भीख।

अधेड़ : बेटा जी। भीख माँगने में कैसी शर्म। देख। सारा देश भीख माँगता है— अमरीका से, इंगलैंड से, जापान से । मुलक को शर्म नहीं आती तो मुझे क्यों आए **(बुढ़िया, युवक को डपट कर)** छोड़ दो इसके हाथ। आज एक छोटी-सी दुर्गा जन्म ले लेगी। **(वह हाथ छोड़ते हैं। लड़की से)** अच्छा बेटा बहुत दर्द होता है।

लड़की : हाँ। मेरी बहन को टुंडे ने सलाई लगाई थी। उसकी जीभ से दिन-रात खून निकलता था। सारी-सारी रात रोती रहती थी। बोलती थी तो खून गिरता था। मर गई **(सुबकती है)** मुझे नहीं मरना। मत लगाओ सलाई **(चीख)** मैं मर जाऊँगी। मर जाऊँगी। नहीं मरना। नहीं मरना।

अधेड़ : **(उसके सिर पर हाथ रखा)** हम तुझे मरने देंगे ही नहीं। दुर्गा कभी नहीं मरती। **(बूढ़े से)** ओए झंडे। अंगारों में सलाई गरम कर **(झंडा गया) (लड़की से)** देखो बेटा जी। यह तुझे सलाई जरूर लगायेंगे। मारेंगे भी। हुआ दुगना दर्द कि नहीं। गरम सलाई से जख्म नहीं होगा। आग कीड़े मारती है, सब कुछ पवित्र कर देती है। बस। तू दिल में राम राम या वाहे गुरू बोलती रहना। फिर तो तपते तवे पर बैठने से भी दर्द नहीं होता।

(दुर्गा पूजा के अवसरवाला हल्का संगीत शुरू। झंडा सलाई लाया। लड़की जीभ निकाल खड़ी हुई। झंडे ने खुभो दी। लड़की की चीख। नीचे बैठी। झाँझ बजने की तेज आवाज। लड़की धीरे-धीरे खड़ी हुई। लटकती जीभ में सलाई। आँखों में तेज। सिर गर्व से ऊपर उठा हुआ। भीख माँगने का डिब्बा उठाया। सबको आँखें पूरी खोल देखा और बाहर निकल गई। झाँझ बजना बन्द)

अधेड़ : **(उदास)** हमारी राम राम। अब चलते हैं फकीर।

झंडा : **(हाथ पकड़ लिया)** नः तू यहीं रह। हमारे साथ। तू तो बड़ा चालाक है। कैसे बेवकूफ बना लेता है लड़के-लड़कियों को अपनी बातों से। हमारे साथ रहो **(उदास)** शायद कुछ लड़कों के हाथों की उँगलियाँ तोड़नी पड़ जाएँ। कुछ लड़कियों को लँगड़ा करना पड़े। तू होगा तो ये मान

जायेंगे। नहीं देते लोग भीख साबुत आदमी को।

अधेड़ : **(नाचता है, गाता है)** झंडा ऊँचा रहे हमारा झंडा। झंडा। हमारा झंडा **(रुक कर)** यहीं रहेंगे अब फकीर। दे। हमें भी दे भीख माँगनेवाला बर्तन।

युवक : तुम मत जाओ भीख माँगने। यहीं रहो। यहाँ की रखवाली के लिए कोई तो होना चाहिए। हम अपने हिस्से की भीख से तुझे खाने को दे दिया करेंगे। क्या नाम है तेरा ? क्या बुलाएँ। हमसे बड़ा है। चाचा ठीक रहेगा।

अधेड़ : नो।

युवक : बापू।

अधेड़ : नो। नो। नो।

युवक : **(हैरान)** तू गुस्से क्यों हो गया। फिर क्या कहकर बुलाएँ बाबा।

अधेड़ : **(खुश)** बाबा। हाँ बाबा। ठीक है। बाबा।

लड़के-लड़कियाँ : बाबा जी। बाबा जी। हमारे बाबा जी।

बाबा : हमें रखना है तो हमारा तख्त हजारा बनाओ। ईंटें लाओ।

आवाजें : क्या होता है तख्त हजारा।

(लड़के-लड़कियाँ ईंटें लाते हैं। बाड़े के बाहर थोड़ा ऊँचा चबूतरा तैयार। बाबा उस पर खड़ा हुआ। सलामीवाला संगीत)

बाबा : चलो। एक कतार में भीख माँगने चलो। बाबे की फौज। तख्त हजारेवाले की फौज **(सब उसे खुश करने के लिए लाइन में निकले। लड़के-लड़कियों ने शरारत में सैल्यूट किया। बाबा बिल्कुल अकड़कर खड़ा, पूरी गम्भीरता से जवाबी सैल्यूट देता हुआ। इकबाल साहब के सारे जहाँ से अच्छा हिंदोस्ताँ हमारा, की फौजी धुन में छोटा-सा टुकड़ा)**

अंधी भिखारन : **(चबूतरे के सामने रुककर)** कहीं जाना मत। रात को फिर मुझे मीठी-मीठी बातें सुनाना।

बाबा : ठहर। तेरा कोई अच्छा-सा नाम रख लें **(कुछ सोच कर)** ठीक। तेरा नाम मुन्ना है।

मुन्ना : **(दो बार बोलती है)** मुन्ना। मुन्ना। अच्छा है बाबा जी। मुँह पर चढ़ रहा है।

बाबा : सुन। भीख देते वक्त अगर मर्द तेरा हाथ पकड़ें तो, तो जवाब में उनका हाथ दबा देना। डर कर अंदर भाग जाएँगे।

मुन्ना : **(हैरान)** डर जाएँगे। अंदर भाग जाएँगे। क्यों ?

बाबा : जिन मरदों को हमेशा औरत की भूख लगी रहे वे अंदर से खोखले होते हैं ऐसे मरदों से क्या डरना ! **(मुन्ना जाती है।)**

दृश्य तीन

[स्टेज के बिल्कुल किनारे पर खड़ा ट्रैफिक सिपाही। मोटरों को रुकने-चलने के संकेत देता। उस पर मद्धम प्रकाश। बाबा उसकी नकल में संकेत देता। अचानक वह हाथ सामने कर यातायात रुकने का संकेद दे खड़ा हो गया। मोटर गाड़ियों वगैरह के रुकने की कर्कश आवाजें। सिपाही मुड़ा। बाबा को देखा। एक पल हैरान फिर गुस्से में उसकी तरफ लगभग दौड़ कर आया। हाथ में लाठी।]

सिपाही : **(लाठी से उसका उठा हाथ नीचे कर)** क्या कर रहा है तू ?

बाबा : क्या कर रहा है तू ?

सिपाही : हरामी। अंधा है। अपनी ड्यूटी दे रहा हूँ। तेरी माँ ट्रैफिक कंट्रोल कर रहा हूँ।

बाबा : हरामी। अंधा है। मुलक की ड्यूटी दे रहा हूँ। तेरी माँ ट्रैफिक जाम कर रहा हूँ।

सिपाही : ओये बुड्ढे। बैठ जा थड़े पर **(उसे लाठी चुभोता है)** अपनी माँ देखी है। लाठी नीचे से घुसेड़ूँगा और मुँह से निकालूँगा। तू जानता नहीं हमें।

बाबा : जानता हूँ। बिल्कुल जानता हूँ। तू पुलिस है न। **(समझाती आवाज)** सुन। डर। लोगों से डर। अब नहीं डरते वे तुम्हारी वरदी से। कुछ सिरफिरे नौजवानों ने रंग लिये हैं अपने चोले बसन्ती। बाँधली हैं केसरिया पगड़ियाँ। अब उनके हाथ नहीं उठते अपने बचाव के लिये। हाथों ने पकड़ ली हैं बंदूकें। निकल आएगी तेरी मौत की लाटरी किसी भी दिन। **(सिपाही डर कर पीछे हटा। बाबा चीखा)** मैं जानता हूँ। पहचानता हूँ तुम्हें। बुजुर्गों की सफेद दाढ़ियाँ सरेआम

नोचनेवाले लोग। बाप न पकड़ा जाए तो उसके बेटों का थानों में कत्ल कर देनेवाले लोग। भाई हाथ न लगे तो उसकी कच्ची कुँवारी बहनों के साथ थानों में सुहागरात मनानेवाले लोग। हरामजादे। तू मारता क्यों नहीं मुझे। मार। जल्दी मार। मेरे बेटे के जिस्म का एक-एक अंग बुला रहा है स्वर्गों से **(उसके हाथ से लाठी छीन माथे पर मारता है। खून की धार। सिपाही वहाँ से खिसक गया। कुछ लोग चबूतरे के पास रुके। एक बनी-ठनी औरत आगे आई। लोगों ने जगह बनाई।)**

एक आदमी : कपड़ा मिलवालों की बहू है।

बनी-ठनी औरत : द पुअर मैन इज ब्लीडंग।

बाबा : **(किसी राजा की तरह गर्व से तना)** हाऊ डेयर यू काल मी पुअर। यू रिच बिच। मेरे माथे का खून देख तुझे अंग्रेजी में हमदर्दी हो गई। लोगों का लहू नोटों में बदलने में स्वाद आता है। तू कहेगी तख्त हजारे वाले बाबे को पुअर मैन। जा दफा हो जा यहाँ से। मैं थूकता हूँ तुम्हारी सहानुभूति पर **(बनी-ठनी औरत जाती है।)**

कुछ आवाजें : किसने मारा। पुलिसवाले ने। उसकी रिपोर्ट होनी चाहिए।

बाबा : जाओ भाई, पहले अपनी-अपनी रिपोर्ट दर्ज कराओ। **(लोग जाते हैं।)**

बाबा : **(माथा छू खून लगी उँगलियाँ देखकर)** कितना सुंदर है लहू का रंग। **(सिपाही का प्रवेश। हाथ में चाय का गिलास)**

सिपाही : बाबा जी।

बाबा : हाँ बेटा जी।

सिपाही : बाबयो। लो । चाय पीयो।

बाबा : दो बेटा जी। सिपाही के हाथ की चाय तो अमृत होती है। **(गिलास पकड़ चाय का घूँट भरा। सिपाही ने रूमाल बाल्टी की पानी में भिगोया, बाबे का खून पोंछा, उसके सिर पर बाँध दिया)**

सिपाही : बाबा। तू इतना क्रोध क्यों करता है। खुद अपना माथा फ़ोड़ लिया **(डरी आवाज में)** बाबा जी। क्या वो लोग मुझे सचमुच मार देंगे।

बाबा : न। सिर्फ उनको मारेंगे जो खून बहाते हैं। तू डर मत। तुझे क्यों मारने लगे। तू तो खून पोंछता है।

सिपाही : कहाँ से आए हो। करते क्या हो।

बाबा : हम राजा होते हैं। शहर-शहर घूमते हैं, अपनी परजा का हाल देखने। जहाँ जाते हैं सरकार का काम करते हैं। सब कुछ जाम। **(कुछ सोचकर)** अच्छा। तू जा। अपनी ड्यूटी कर। हम अपनी ड्यूटी करेंगे।

सिपाही : **(जाते हुए)** बाबा। अपने शहर में शेरांवाले चौक पर किशन सिंह का ढाबा है। रात आठ बजे के बाद रोटी बेचता नहीं। मुफ्त बाँटता है। वहाँ से खा लिया कर। मैं भी रात को वहीं खाता हूँ।

बाबा : वाह भई वाह। पैसेवाले भिखारी दिन को खाते हैं और दरवेश रात को मुफ्त। मिलेंगे किशन सिंह से। इस कलियुग में रात को गुरू महाराज का लंगर चलानेवाला किशन सिंह। चलें। शहर का हाल-चाल देखें।

(थड़े से उतर कर जाता है। एक दफ्तरी किस्म का आदमी लड़के का हाथ पकड़े थड़े के पास रुकता है)

आदमी : यहाँ बैठकर सबक याद कर। अभी आया सब्जी ले कर। पहले रट। फिर लिख। गलत लिखा तो चमड़ी उधेड़ दूँगा। स्कूल की माँ की"। फीस दो और घर पढ़ाओ। **(जाता है)**

लड़का : **(थड़े पर खड़ा हो रटता है)** हिंदुस्तान संसार का सबसे महान देश है। हमारे संत और महात्मा लोगों को रास्ता दिखाते हैं। जब तिरंगा लहराता है तो हमारे खून में जोश आ जाता है। **(कुछ वाक्य दो-तीन बार रटे। थड़े पर बैठ कापी खोल लिखना शुरू कर दिया। उसे पता नहीं चला पिता लौट आया है, पीछे खड़ा उसका लिखा पढ़ता। पिता का चेहरा गुस्से से भयानक हो रहा है। लड़के के हाथ से कापी छीन थड़े पर पटकी। उसकी गर्दन में पंजा डाल ताबड़-तोड़ पीटना शुरू)**

पिता : तेरे बाप हिंदुस्तान में आंधा स आयेगा। संत में न आधा। कंजर के। फेल-तू हो और हैडमास्टर कपड़े मेरे उतारे। फीस माफ करने की गाली दे कर। तू अक्खर आधे लिखे न

लिखे। मैं आज तुझे आधा करके छोड़ूँगा।

(लड़का उसके हाथ से छूट थड़े से कूदा, भागा। आते बाबे से टकराया। बाबे ने उसे अपने साथ चिपका लिया। बाप नीचे कूदा। मारने के लिए उठा उसका हाथ बाबे ने पकड़ लिया।)

बाबा : बाऊजी। क्यों मार रहे हो अपने बाप को।

बाऊ : ओए पागल। बाप नहीं। बेटा है।

बाबा : न बाऊजी। आपका बाप है। द चाइल्ड इज़ द फादर आफ मैन।

बाऊ : हिंदुस्तान में न और सा पूरा डालता…।

बाबा : अच्छा। बड़ा स्याना है। बहुत जल्दी हिंदुस्तान में सारे अक्खर आधे हो जाएँगे। **(लड़के की कापी उठाकर)** भाई। तू तो बड़ा देशभक्त है। सब कुछ पूरा। **(बाप से)** अच्छा। बता इसे। कैसे पता चलेगा कि कोई अक्षर आधा डालना चाहिए।

बाऊ : क्यों ? पता क्या करना। बस आधा डलेगा।

बाबा : **(लड़के से)** क्यों काके। स्कूल में अंग्रेजी पढ़ता है।

लड़का : हाँ। मुझे थर्स्टी क्रो की कहानी लिखनी आती है।

बाबा : वाह भाई वाह। तू बड़ा स्याना कव्वा है। अच्छा। बताओ। वावल कौन से होते हैं।

लड़का : **(झट से)**–ए,ई,आई,ओ, यू।

बाबा : **(उसे थड़े पर बैठाकर)** ठीक। जब पता न चले कि अक्खर आधा डालना है कि पूरा तो पहले उस लफज को अंग्रेजी में लिख लो। बोल कर लिखो हिंदुस्तान।

लड़का : एच आई एन डी यू स टी ए एन।

बाबा : तेरी अंग्रेजी तो बहुत अच्छी है। बता। किस अक्खर के पीछे वावल नहीं।

लड़का : एन और एस।

बाबा : ठीक। जिस अक्खर के पीछे वावल नहीं कर दे उसको आधा। **(लड़के ने रुक-रुक कर लिखना शुरू किया। अब कोई शब्द गलत नहीं)**

बाऊ : **(खुश)** इसने तो बिल्कुल ठीक लिख लिया। कमाल हो गया। इसे पढ़ा दिया कर। मैं पैसे...।

बाबा : तू देगा पैसे और हम तख्त हजारे बालों को। हमारे पास टाइम नहीं। सारी दुनिया को पढ़ाने से फुर्सत नहीं मिलती और इसे पढ़ाओ। बाऊजी। पता है हम दूसरों को कब मारते हैं। जब खुद को कुछ समझ नहीं आता। तू बाप है कि सरकार। **(लड़के से)** काका। स्पैलिंग दिल में बोल लिया कर। इम्तहान में लिख कर जानने का टाइम नहीं होता **(दोनों से)** चलो। जाओ। अब हम शहर और भगवान का तमाशा देख लें थोड़ी देर।

(बाऊ और बेटे के जाने के बाद बाबा अपने चबूतरे पर खड़ा हो गया। गर्दन घुमाकर चारों ओर देखने लगा। एक युवक का प्रवेश। एक हाथ में रंगों का डिब्बाएक में चित्रफलक (ईअल) बाबा के सामने रुका। चित्रफलक जमीन पर रखा, रंगों का डिब्बा खोल तस्वीर बनाने के लिये खाका खींचा)

बाबा : **(नीचे झुका, देखा)** क्या बनायेगा नौजवान। न राम राम, न सत सिरी अकाल। न नाम पूछा, न नाम बताया।

युवक : **(झेंपकर)** गलती हो गई बाबयो मेरा नाम केवल धीर है। आपकी तस्वीर बनाऊँगा।

बाबा : तू आदमी की तस्वीरें बनाता है।

केवल : हाँ। और किसकी बनाऊँ।

बाबा : घोड़ों की तस्वीरें बना, घोड़ों की। गधे खरीद लेंगे। हाथों-हाथ खरीद लेंगे। हुस्सेन बन। मकबूल फिदा हुस्सेन। द कास्टलीयेस्ट सिगनेचर इन द कन्ट्री। अब जानवरों का जमाना है। लद गए आदमी के दिन।

केवल : बाबयो। बहुत पहुँचे हुए आदमी हो **(माथे पर पट्टी देखकर)** कैसे लगी चोट। किसने मारा।

बाबा : तूने। तूने मारा।

केवल : मैंने। बाबा। मैं तो आपको जानता ही नहीं। फिर क्यों मारूँगा।

बाबा : जब एक अनजान आदमी दूसरे अनजान आदमी को मार

सकता है, तो तू मुझे क्यों नहीं मार सकता। जब एक औरत का मुर्दा जिस्म टी.वी. पर दिखाकर हजारों बेगुनाह लोगों का कत्ल किया जा सकता है तो तू मुझे क्यों नहीं मार सकता। क्या जानते थे मारनेवाले मरनेवालों को। नहीं। बिल्कुल नहीं **(सीधा खड़ा हो गया)** लव कूलज, फ्रैंडशिप्स फालउ ऑफ इन सिटिज म्यूटीनीज, इन पैलेसीज ट्रीजन, एण्ड द बाण्ड क्रेकड बिटवीन सन एण्ड फादर। वी हैव सीन द बेस्ट आफ अवर टाइम। मैकेनाईजेशन्ज, हालोनैस, ट्रेचरी एण्ड···। **(एकदम रुक गया। सिर हाथों में पकड़ नीचे बैठा)** याद नहीं आ रहा। आगे याद नहीं···।

केवल : **(उसका सिर पकड़ा, हिलना रोका)** बाबयो। सुखी हो जो भूल जाते हो। क्यों करते हो कोशिश याद करने की। याद्दाश्त के हाथों में हमेशा मुरझाये हुए, मरे हुए फूल होते हैं। आँखों के सामने हिलाएगी तो मरे हुए जख्मी दिन याद आ जाते हैं। बड़ा दुःख होता है तब।

बाबा : मेरे स्याने बेटे। लाख रुपये की बात की तूने। नहीं रहता तू सिर्फ अपनी दुःख-दर्द की दुनिया में। पूरी साझेदारी कर ले लोगों के दुखों से। निकल आ अपने घर से। इस थैले को घर बना, कन्धे पर लटका। तब तस्वीरें बना। फिर तेरी तस्वीरें लोगों से बातचीत करना शुरू कर देंगी।

केवल : लेकिन तस्वीरें तो बोलतीं नहीं।

बाबा : बोलती भी हैं और हिलती भी हैं। जब वह आदमी के अंदर से जुड़ जाएँ।

केवल : गलत। मैं पहले बनाता था आदमी औरतों की तस्वीरें। एक भी नहीं बिकी···।

बाबा : तू खूबसूरत लोगों की खूबसूरत तस्वीरें बनाता होगा।

केवल : हाँ। जैसे दिखाई देंगे वैसी ही बनाऊँगा ना।

बाबा : नः आदमी जैसा दिखाई दे वैसा नहीं होता। आदमी के चेहरे पर कुत्ते की लपलपाती जीभवाली लालची भूख है। लोमड़ी की चालाकी। साँप का जहर है। मरे हुऐ चूहे की बदबू और बिल्ली की खामोश छलाँग मौतवाली छलाँग है। पल-पल रंग बदलकर बैठा गिरगिट, दीवार पर बिना हिले-डुले बैठी

छिपकली है। जीभ की कटार से छेद कर निगलने के लिऐ तैयार छिपकली। ऐसे चित्र बना। तब लोग खुद को पहचान लेंगे और झट से खरीद लेंगे।

केवल : बाबयो। आप भी तस्वीरें...।

बाबा : **(उदास)** ना। बहुत प्यारी तस्वीरें थीं मेरे पास। सारी की सारी टूट गईं। एक-एक करके चकनाचूर हो गईं **(तीखी आवाज)** अब तख्त हजारे वाला बदसूरत तस्वीरें तोड़ता है।
(छोटी दुर्गा बनी लड़की का प्रवेश। लगभग नाचते हुए। बाबे के पास चबूतरे पर डिब्बे से निकाल कुछ केले रखे।)

छोटी दुर्गा : आज तो मुझे देखते ही लोग डर गए। दौड़-दौड़ कर भीख दी। जो लड़के मेरी पूँछ खींचते थे; जीभ में लगी सलाई देख अपनी माँओं के पीछे छुप गए। बाबा। कल मेरी जीभ में एक और सुआ लगा देना। खूब भीख मिलेगी। **(केला उसकी ओर बढ़ा कर)** तुम खाते क्यों नहीं। मैंने तो रास्ते में चार केले गड़प लिए।
(बाबा एक केला केवल को देता है, एक खुद। दोनों खाते हैं)

बाबा : दुर्गा माता। दर्द तो नहीं हुआ।

दुर्गा : ना बाबा। जब हुआ राम राम बोला। जैसा तूने सिखाया था। दर्द उड़न छू **(उदास)** बाबा। तुझे और मंतर आते हैं।

बाबा : हाँ। बहुत सारे। बता कौन-सा सिखाऊँ ?

दुर्गा : **(उदास)** ऐसा मंतर कि मुझे भूख न लगे। भीख न माँगनी पड़े। जीभ में सलाई न लगानी पड़े। बाबा। मैं तुमसे झूठ बोली। पीड़ा हुई। बहुत पीड़ा। दिल में राम-राम बोलने पर भी दरद कम नहीं हुआ।
(उदास संगीत का टुकड़ा। पेंटर केवल ने चित्रफलक में नया कागज लगाया। दुर्गा का हाथ पकड़ थड़े पास बैठाया। कागज के नीचे लिखा–भिखारन दुर्गा। कुछ लोगों के साथ मुन्ना का प्रवेश। सब थकान से टूटे हुए। दुर्गा बनी लड़की ने बाबे के माथे पर खून सना-बँधा रूमाल पहली बार देखा। उछलकर खड़ी हो गई)

दुर्गा : **(आँखों में क्रोध)** किसने मारा मेरे बाबे को। किसने फोड़ा

माथा।

मुन्ना : बाबे को मारा। माथा फूट गया। देखूँ तो **(उधर बढ़ी ईंट से टकराई, गिर गई)** तुम लोग मेरे हाथ क्यों नहीं पकड़ते। भगवान के लिए मुझे बाबे के पास ले चलो। बहुत खून निकल रहा है क्या ? बोलो। बताओ।

(केवल ने उसे उठाया, हाथ पकड़ थड़े पर लाया। मुन्ना ने बाबे की माथे-पट्टी पर हाथ फेरा, हाथ अपनी गालों को लगाया)

मुन्ना : खून तो अब भी निकल रहा है **(एकदम गुस्से में)** किसने मारा तुझे। भगवान उसका सत्यानाश कर देंगे। मुझे बता बाबा। अंधी हूँ तो क्या। उसका खून पी जाऊँगी। **(रुआँसी)** बाबा। बहुत दरद हो रहा है।

(झंडे, बूढ़ी, बाकी भिखारियों का प्रवेश)

झंडा : बाबे को मारा। कौन था। कुत्ते को अन्दर करवा दूँगा। कहकर खुदा का। भीख नहीं देते, ना दो। माथा फोड़ते हो। नाम बता बाबा। अभी जाता हूँ थाने।

बाबा : **(थकी आवाज)** चुप हो जाओ। किसी ने नहीं मारा मुझे।

मुन्ना : तू झूठ बोलता है। माथे पर बँधी पट्टी से खून अब भी निकल रहा है। अंधी हूँ तो क्या। खून तो पहचान लेती हूँ।

बाबा : मैंने खुद अपना माथा फोड़ लिया।

मुन्ना : **(उदास)** तू तो सचमुच पागल है। क्यों फोड़ा माथा।

बाबा : बड़े दिनों से लहू नहीं देखा था। क्या लाल सुर्ख रंग है। पूरे के पूरे खिल चुके गुलाब के लाल-लाल छींटें।

मुन्ना : **(बाबा के सिर पर हाथ रख)** मेरा बाबा। मेरा पागल बाबा।

(मधुर संगीत)

(एक सफेद दाढ़ीवाले सरदार का प्रवेश। नौकर के साथ कुछ आवाजें–सरदार किशन सिंह। ढाबेवाले सरदार साब)

किशन सिंह : **(प्यार से)** अब रोटी लेने थोड़ा जल्दी आ जाया करो शहर में...।

झंडा : सरदारजी। देर हो गई। हमारे बाबे का माथा...

किशन सिंह : हट परे। असाँ वी दर्शन कर लेईये बाबे दे।

(थड़े पर चढ़ बाबे के माथे पर हाथ रखता है)

किशन सिंह : वाहे गुरू। बड़ा तेज ताप है। सिर पर चढ़ गया। मैं…।

बाबा : **(धीमी आवाज)** किशन सिंह। मेरी फिकर छोड़। हर आदमी के सिर पर ताप चढ़ गया है।

किशन सिंह : **(बूढ़ी से)** बेबे। हल्दी गरम करके बाबे के सिर पर लगा। **(नौकर से)** सामने हलवाई की दुकान है। ले आ दूध का गिलास। **(भिखारियों से)** कल ले आऊँगा डॉक्टर। मेडिकल कॉलेज के लड़के मेरे ढाबे पर रोटी खाने आते हैं। **(सबको प्यार से डाँटा)** आजकल फिर फौज ने शहर में गश्त लगानी शुरू कर दी है। दो-तीन बार रास्ते में रोका मुझे। तुम लोग दिन छिपते ही रोटी लेने आ जाया करो। बुरे दिन आ गए हैं। अपनी खैर खुद मनाओ।

बाबा : **(बाबा झटके से खड़ा हो गया)**

बाबा : **(चीख कर)** भागो। बचो। फौज आ गई। अपनी फौज। टैंक। तोपोंवाली फौज। **(थड़े पर धड़ाम से गिरा। जिस्म छटपटा रहा है। बूढ़ी ने भाग कर उसका थड़े पर पटकता सिर पकड़ लिया। बाबे की लम्बी चीख–फौज)**

मुन्ना : **(भीड़ से आगे बढ़ने की कोशिश)** हटो। मुझे बाबे के पास जाने दो। मुझे ले [illegible] बाबे के पास।

(दुर्गा लड़की ने मुन्ना का हाथ पकड़ा। आँखों, चेहरे पर तेज। भीड़ ने रास्ता दिया। मुन्ना ने थड़े पर पटकते बाबे के हाथ पकड़ लिए)

बाबा : **(प्रलाप)** मेरे बेटे की असली टाँग दो। पेड़ जैसी मजबूत टाँग। धड़ उसका है। यह पतली टाँग मेरे बेटे की नहीं।

बाबा : **(फौजी आवाज)** यू ब्लडी सिवलियन्ज सिख टैम्पल में छुप कर बगावत करता। ले जाओ जो टुकड़े दिए हैं। नहीं तो पेट्रोल डालकर फूँक देंगे। टैंक और तोपें जिस्म के चिथड़े-चिथड़े कर देते हैं। ब्लडी मैड मैन। दूँ तुझे पेड़ जैसी मजबूत टाँग।

(बाबा ने मुन्ना से हाथ छुड़ा फिर थड़े पर पटकने शुरू कर दिए। शरीर उछल रहा है, कट रहे जानवर की तरह। भय से सबके चेहरे शिलित-फ्रीज़। अंधेरा होना शुरू)

किशन सिंह : **(दोनों हाथ जोड़, आँखें बन्द)** बख्श दे वाहे गुरू। बख्श दे पापियों को। सच्चे बादशाह बख्श दे…।

अँधेरा…

अंक दो

दृश्य एक

[थड़े पर प्रकाश, धीरे-धीरे आँखें खोलता बाबा। बिल्कुल साफ कुर्ता। हैरानी से अपने कपड़े देखे। पास बैठी मुन्ना। खादी का कुर्ता, सिर पर साफ दुपट्टा। बाबा और हैरान। उठा। बैठ गया।]

बाबा : मुन्ना जी। तेरी शादी हो गई और हमें बुलाया तक नहीं।

मुन्ना : **(टटोलकर उसका माथा छुआ)** तू जाग गया बाबा। कितने दिन बेहोश रहा। सरदार किशन सिंह डॉक्टर लाए थे। वोह बोला तेरे दिमाग में कोई खराबी है। तेरी नींद जल्दी खुलनी चाहिए। नहीं तो...। मैं दिन-रात तुमसे बातें करती रही, पुलिसवाला, चितर बनानेवाला सारा-सारा दिन तेरे पास बैठे रहते। पर तू तो बस सुनता रहता था। कोई जवाब नहीं। परमात्मा का शुकर तू जागा तो।

बाबा : जाग गया। अच्छा। ना। नहीं जागता आदमी आजकल।

मुन्ना : देख क्यों करता है हमेशा फजूल बातें। जब तुझे दौरा पड़ा तो चीख रहा था। मेरे बेटे की पेड़ जैसी टाँग दो। किसने मारा तेरे...।

बाबा : पागल मुन्ना। मेरा बेटा था ही नहीं। फिर टाँग क्यों माँगूँगा। मेरे हजारों बेटे हैं। तू किस बेटे की बात कर रही है। सबकी टाँगें...।

मुन्ना : फिर शुरू हो गई तेरी वाही-तबाही। तुझसे तो बात करना मूर्खता है। सवाल चना, जवाब गन्दम। **(मुँह फेर लेती है)**

बाबा : वाह भई वाह। हमारी मुन्ना को रूठना आ गया। सचमुच हो गई तेरी शादी। नए कपड़े और...।

मुन्ना : वोह जो तस्वीरें बनाता है, क्या नाम है। हाँ, केवल। बड़ा अच्छा लड़का है। वोह दुर्गावाली तस्वीर बनाई थी न। बिक गई। सबको नए कपड़े ले दिए। कहता था तू ठीक हो जाए तो तेरा चितर...।

बाबा : अच्छा। मेरी तस्वीर बनाएगा। चल गया पता इसे कि मेरा बुलावा...।

मुन्ना : **(उसे झिंझोड़कर)** मत किया कर हमेशा बुरी बातें। भगवान को किसी दिन गुस्सा आ गया तो मान जाएँ...। **(सिपाही का प्रवेश। हाथ में फल)**

सिपाही : **(शरारती सैल्यूट)** जय हिन्दी बाबयो। इतनी लम्बी मेडिकल छुट्टी मत लिया करो। बुरा हाल है ट्रैफिक का आप जी के बिना।

बाबा : **(खड़ा हुआ, जवाबी सैल्यूट)** जयहिन्द थानेदार। हो गए ठीक हम। कर देंगे जाम तेरी सारी ट्रैफिक...।

मुन्ना : बैठे रहो। कहीं फिर...।

बाबा : कुछ पता न हो तो चुप रहते हैं। सैल्यूट का जवाब बैठे-बैठे थोड़ा देते हैं। तू...।

मुन्ना : बाबा। थानेदार सारी-सारी रात तेरे पास बैठता था। इसकी घरवाली तुम दोनों के लिए रोटी...।

बाबा : **(सिपाही का हाथ पकड़ पास बैठाया। सिर पर हाथ फेरा)** मेरा थानेदार बेटा। जब चाहें परमात्मा चमत्कार कर दें। अब तू अपने घर जा। बीवी को हमारा आशीर्वाद देना। हो गए खुश फकीर। जाग गई लौ तेरी आत्मा में।

(केवल का प्रवेश। तस्वीर बनाने का सामान हाथों में)

केवल : **(पाँव छू कर)** जय हो बाबा जी की। बड़ी लम्बी नींद

सोते''।

बाबा : सदियों से जाग रहे हैं। जब नींद आएगी। तो फिर लंबी ही आएगी। तेरा चित्र''।

केवल : बिक गया। बाबयो। भिखारन दुर्गा का चित्र पूरा होते ही बिक गया। पता नहीं कैसे उग आया था उसके चेहरे पर दोपहरवाला सूरज। अभी शुरू कर देगा आग बरसाना। कर देगा सब कुछ भस्म। आपने जो समझाया''।

बाबा : कुछ नहीं समझाया मैंने। देख लिया तूने लोगों के दिलों में उगतें सूरज को। और चेहरा होता है दिल का दर्पण। आएगी। जरूर आएगी। एक खूनी आँधी।
गिर जाएँगे वो पेड़ जो अंदर से खोखले हैं। फिर उगेंगे वृक्ष जो ठंडी छाया देंगे।

मुन्ना : शुरू कर दी तुमने वाही-तबाही। फिर पड़ जाएगा दौरा। मत किया कर हमेशा खूनी बातें।

बाबा : मुन्नाजी। सारे मुल्क को दौरा पड़ना शुरू हो गया। जब आग लग जाए तो आँखें बंद करने से बुझती नहीं। कभी नहीं बुझती।
(भिखारियों का प्रवेश। छोटी दुर्गा भाग कर चबूतरे पर चढ़ी)

छोटी दुर्गा : खुल गई नींद मेरे बाबा की। हो गए ठीक बाबा जी।

बाबा : **(छेड़ता है)** माँ दुर्गे। तेरे आशीर्वाद से सबकी नींद खुली कि खुली। फिर होगा नाटक शुरू। केवल एक अंक का नाटक।

बूढ़ी : नाटक। हाँ। नौटंकी वाले आ रहे हैं। असलम मास्टर ने रास्ते में''।

युवक : बेबे। नौटंकी नहीं। नुक्कड़ नाटकवाले। असलम काजमी अपनी मंडली के साथ आएँगे।
(किशन सिंह का एक युवक, युवती के साथ प्रवेश। अच्छे कपड़े)

किशन सिंह : **(युवक से)** डॉक्टर साहब। आपका मरीज चंगा हो गया। **(बाबे से)** बाबाजी। आप डॉक्टर इकबाल हैं और यह बीबी डॉक्टर अमृता। मेडिकल कॉलेज में पढ़ते हैं।

बाबा : **(दोनों को हाथ जोड़े)** वाह भई वाह। गरीबों और पागल

फकीरों के डॉक्टर। थोड़े से और बनाओ अपने जैसे। जिनकी नजर मरीज की जेब पर नहीं मरज पर हो।

मुन्ना : **(युवती से)** डॉक्टरनी। मेरे पास बैठो। छू कर देखूँ कैसी होती है डॉक्टरनी। **(अमृता उसके पास बैठी। मुन्ना ने उसके बालों पर हाथ फेरा)**

मुन्ना : **(हैरान)** आपके कान तो हैं ही नहीं।

(अमृता ने कटे बाल पीछ किए। मुन्ना के हाथ पकड़ अपने कानों से लगाए)

अमृता : हैं मुन्ना। कान हैं **(उदास)** बालों के नीचे छिपे हैं।

मुन्ना : कितने छोटे हैं। बहुत सुन्दर होंगे। डॉक्टरजी। इनमें लाल रंग की बालियाँ डालो ना। फिर मुझे बताना। कैसी लगती हैं। मैं तो देख नहीं¨।

अमृता : **(इकबाल से)** ले चलें किसी दिन मुन्ना को अपने सर को दिखाने। इतने बड़े आई स्पेशलिस्ट हैं¨।

बाबा : मुन्ना देखेगी और पहला फिकरा बोलेगी–बुड्ढा बाबा।

मुन्ना : वोह तो मुझे बिना देखे पता है। बुड्ढा नहीं। पागल। हमारा पागल बाबा।

(इकबाल टार्च जला बाबा की आँखों में देखता है।)

इकबाल : हिज आईज आर एबनारमली ब्राईट। वी शुड टेक हिम टू¨।

बाबा : वी आर लिविंग इन एबनारमल टाइम्ज। एवरीथिंग एबनारमल। एबनारमल। एबनारमल।

किशन सिंह : बाबयो। आप जी नूं अंग्रेज़ी आंदी है। फिर ते डर के रहना चाही दा है।

मुन्ना : **(उदास)** इसे अंग्रेजी आती है तभी तो पागल है। कितनी बार कहा मत बोला कर यह बोली। पिछली बार¨।

(अमृता मुन्ना के होठों पर हाथ रखती है। बाबा ने आँखें बन्द कर लीं। नुक्कड़ नाटक मंडली का प्रवेश। सब बैठ गये। बाबा आँखें बन्द किए बोलना शुरू)

बाबा : अंग्रेजीवालों को हमने हरा दिया। सात समन्दर पार भगा दिया। गोरे साहब गए। ब्राऊन साहब आ गए। आजादी की लड़ाई में गोरों ने इतने आदमी पुलिस से नहीं मरवाये।

काले साहबों ने गोलियाँ तो क्या तोपें चलवा दीं। टैंक चढ़ा दिए। बहुत जुल्म करते हैं अपनी बोलीवाले अपने मालिक। किससे लड़ें। कैसे लड़ें…।

(नुक्कड़ नाटक मंडली के अभिनेता खड़े हो गए। ढोल बाजे के साथ गाना शुरू।)

गाँव-गाँव से उठो, बस्ती-बस्ती से उठो
इस देश की सूरत बदलने के लिए उठो।
गाँव-गाँव…
हाथ में जिसके कलम है, कलम ले के उठो
बाजा बजानेवाले तुम बाजा लेके उठो।
गाँव-गाँव से उठो, बस्ती
बस्ती से उठो…।

बाबा : वाह भई वाह। बड़ा जोशीला मारचिंग साँग है। काजमी साब। इसमें कलमवाले हैं, बाजेवाले हैं, आवाजवाले हैं। बंदूक और बरछेवाले भी शामिल कर लो। उनसे क्या दुश्मनी। हौसला और बढ़ जाएगा।

अभिनेता : क्यों करें शामिल। हमारी सोच और उनकी सोच अलग…।

बाबा : विचारों की बहस बाद में कर लेना। दुश्मन मारने के बाद कर लो उन्हें शामिल अपने साथ। कुछ नहीं होता सिर्फ कविता से।

अभिनेता : कौन कहता है कुछ नहीं होता कविता…।

बाबा : नौजवान। मैं नहीं कहता। डब्ल्यू. एच. आडिन कहता है–पोयट्री मेक्स नथिंग हैप्पन।

असलम काजमी : ठीक। बाबाजी। आप ठीक कहते हैं **(गाता है)**

जिसके पास बन्दूक है बन्दूक ले के उठो
जिसके पास बरछा है बरछा ले के उठो।

सब अभिनेता : गाँव गाँव से उठो, बस्ती-बस्ती से उठो
इस देश की सूरत बदलने के लिये उठो…।

(बाबा ने असलम काजमी को गले से लगाया, माथे पर हथेली रखी।)

अमृता : बहुत दिनों बाद दिखाई दिए प्रोफेसर साब। हमारे मेडिकल कॉलेज कब आ रहे हैं नाटक करने।

काजमी : बिहार गये थे डॉक्टर साब। बुलावा आया था। ताकतवरों ने सेनाएँ बना रखी हैं। एक और खतरनाक हथियार का इस्तेमाल शुरू कर दिया। मजहब। जात-पाँत। एक दो दिन में आएँगे आपके कॉलेज **(सबकी तरफ इशारा)** पहला हक तो इन साथी दोस्तों का है। **(बाबा से)** आपको पहली बार देखा। कहाँ से आना हुआ।

बाबा : आया कहाँ से–यह तो मालूम नहीं। लेकिन जाना कहाँ है, इसका पक्का पता है।

(चुप्पी)

काजमी : तीन नए नाटक हैं। पहला राजनीति के हाथों हथियार बन गया धर्म, दूसरा वोटों का दलाल धर्म। तीसरा नेताओं का नया हथियार धर्म।

बाबा : बड़ा खतरनाक हो गया है धर्म।

काजमी : जब गलत लोग किसी अच्छी चीज का इस्तेमाल करें तो वह भी गलत हो जाती है यह शासक वर्ग का चरित्र है। साँप चाहे फूलों की बेल से लिपट जाए, रहेगा तो साँप ही। कभी नहीं बदलती उसकी फितरत और नतीजा। लोगों को गलती लख जाती है कि नेताओं के धर्मदूत आकाश से उतरेंगे, उनके दुखों को पोटली में बाँधेंगे और लौट जाएँगे वापस अपने स्वर्ग। धर्म, राजनीति, संस्कृति और साहित्य रंडी बन गए हैं इन पालीटीशेन्ज़ के हाथों में। इनका इस्तेमाल तिजारत बन गया है। तिजारत। अपने घर में खून-खराबा, भुखमरी, बेरोजगारी और हाहाकार। विदेशों में हो रहे हैं भारत-उत्सव। फैस्टीवल ऑफ इंडिया। लोग इतने सुखी हैं कि बस दिन-रात नाचते हैं, गाते हैं और मस्त रहते हैं। बना दी है यह धरती शस्य-श्यामला हमारे राजनीति के अवतारों ने।

बाबा : **(छेड़ता है)** प्रोफेसर साहब। जब सच की जानकारी हो जाए तो गुस्सा नहीं, इसे बचाने की कोशिश करते हैं। पालीटिक्स इज़ द लोस्ट रिफ्यूज आफ ए स्काऊंड्रल। इंसान तो इंसान रहा ही नहीं, वोट में बदल दिया है इन लोगों ने। लेकिन चोर की माँ कब तक खैर मनायेगी अपने बेटे की। जिस

दिन सच समझ आ गया लोगों को, उस दिन नहीं रहेंगे वह इनके गन्दे हाथों का बदसूरत खिलौना। रोशनी का सैलाब आएगा। सैलाब। सब कुछ जो गंदा है, घिनौना है बहा ले जाएगा यह सैलाब। तब शायद हिस्ट्री की किताबों में कैद सोने की चिड़िया आजाद होगी। पंख फड़फड़ायेगी और फुर से उड़ेगी लोगों के घरों के ऊपर। **(नाचता है)** फुर। फुर। फुर।

मुन्ना : बाबा। बस कर। हमेशा लड़ाई की बातें। आज नहीं देखेंगे हम गुस्सेवाला नाटक।

काज़मी : सच तो हमेशा गुस्से का हाथ पकड़कर चलता है। जब खुशी कहीं है ही नहीं तो कहाँ से लाएँ खुशियोंवाला नाटक। प्यार और परियों की सारी कहानियाँ मर गईं। आजादी के बाद लीडरों ने सबसे पहले प्यार के रिश्तों, प्यार की कहानियों का कत्ल किया।

बाबा : लेकिन प्यार की मरी हुई कहानी में भी बहुत ताकत होती है। विरह की कहानियाँ हमेशा छिपकर बैठी रहती हैं हमारी आत्मा में काजमी साहब। आज रख लें दिल मुन्ना का। सुना दें कोई बिरहा का किस्सा।

काजमी : कौन-सा।

बाबा : मिरजा साहबां।

काजमी : ठीक। हो जाए। दुःख और बिरहा सगे भाई हैं। लेकिन पंजाबी में गाएगा कौन।

बाबा : सरदार किशन सिंह। पंजाब के हर आदमी के दिल में अभी तक ताज़ा हैं मिरज़ा के दिल के जख्म।

(अभिनेता थड़े पर बैठ गए। आसपास भिखारी और कुछ लोग, हारमोनियम, ढोलक बजेंगे किस्से के साथ-साथ, गाथा गीत-बैलेड—की शैली में)

काजमी : तो सुनो फिर। मिरजा का इश्क साहबां से। और पूरे पाँच भाई साहबां के। जालिम, जबरदस्त और राक्षस भाई **(ढोलक की थाप-भय)** नहीं होने देंगे शादी अपनी बहन साहबां की मिरजे से। लेकिन मिरजा था आशिक और सूरमा दोनों। भारी पड़ता था पाँचों भाइयों पर **(जोशीली थाप)** क्योंकि

उसके पास थी घोड़ी बक्की। हवा की छोटी बहन बक्की। और तीरों से भरा तरकश। कहते हैं मिरजे के तीरों में आँखें लगी हुई थीं। छूटे नहीं कमान से कि लग गये बैरी के पीछे। रख देते थे छेद कर दुश्मन को। मिरजे की बक्की और मिरजे का तीरों भरा तरकश। दहल जाते थे दुश्मनों के दिल मिरजे का नाम सुनते ही।

(दन दनादन ढोलक। काजमी साँस लेने के लिये रुका)

बूढ़ी : आगे सुनाओ। हुई साहबां से मिरजे की...।

काजमी : क्या करे साहबां बेचारी **(हारमोनियम-विलाप की आवाज)** एक तरफ मिरजा। दूसरी तरफ पाँच प्राण प्यारे भाई। भाई बचाये तो मिरजा मरे। मिरजा चुने तो भाई मरें। बड़ी जालिम होती है इश्क की मार। कर देती है पीला खून का रंग। हो गया निहत्था मिरजे जैसा सूरमा **(हारमोनियम उदास)**

किशन सिंह : रंग पीला हो गया सूरमे का। चोला लीरां लीरां। बन गया सूरमा मुरदों का बादशाह। कोई नहीं डरता था अब योद्धा मिरजे से। ताने देती थीं औरतें ताकत के। बच्चे भी अब नहीं डरते थे इश्क के हाथों मारे गये मिरजा से। **(उदास धुन)**

कुछ आवाजें : बेचारा मिरजा मर गया फिर।

काजमी : नहीं मरते सच्चे आशिक कभी भी। रख देता है खुदा उनके दिल पर लोहे का टुकड़ा। हो गई हद। आ गई याद सूरमे को अपनी ताकत। कर लिया फैसला आशिक ने **(ढोलक पर जोशीली थाप)**

आवाजें : क्या किया मिरजे ने।

काजमी : कर लिये धारण कंधे पर तीर कमान, लौट आई वापस धज सूरमे की। जान प्यारी बक्की को थाप दी। हिनहिनाई खुशी से बक्की। चल मिरजे। कौन माँ का जाया पकड़ सकता है बक्की को। उठा लाया मिरजा साहबां को उसके पाँच जालिम जबरदस्त भाइयों के घर से **(ढोलक। हारमोनियम-उत्सव संगीत)** आगे-आगे मिरजे की बक्की और पीछे-पीछे साहबां के पाँच भाई अपने घोड़ों पर।

आवाजें : फिर। पकड़ लिया मिरजे को।

किशन सिंह : ना। कौन पकड़ सकता है बक्की को। हवा का हाथ पकड़ कर दौड़नेवाली बक्की। सच्चे इश्क ने उसकी टाँगों में भर दी ताकत सौ-सौ घोड़ों की। फूल गई साँस पाँच भाइयों की और थक गए उनके पाँच घोड़े।

आवाजें : ले आया मिरजा साहबां को घर। हो गई शादी।

किशन सिंह : ना। थकावट तो आशिक को भी होती है। रात घिर आई। साहबां थक गई। मिरजा थक गया। लेकिन बक्की। साँस फूली। पसीने में नहाई बक्की। परमात्मा ने सारी दुनिया की ताकत भर दी उसकी टाँगों में। घनघोर जंगल। पेड़ से बक्की की लगाम बाँध सो गया मिरजा साहबां की बाँहों के झूले में।

आवाजें : फिर क्या हुआ। पकड़ लिया पाँचों भइयों...।

काजमी : लेकिन साहबां की आँखों में नींद कहाँ। पाँच प्राण प्यारे भाई पहुँचे कि पहुँचे। छेद कर रख देंगे मिरजा के आँखोंवाले तीर पाँचों को। मिरजे के सिर के नीचे से बाँह निकाली। आशिक तो सपनों की नदी में तैर रहा था। कैसे पता चलता उसे पाँच भाइयों का प्यार भारी पड़ गया उसके इश्क पर। साहबां ने मिरजा का तीरों भरा तरकश उठाया और छिपा दिया जंडी में। जंगली बेर के पेड़ की टहनियों में रख दिया। **(हारमोनियम-उदास)**

आवाजें : क्या हुआ फिर...।

किशन सिंह : सबसे पहले बक्की ने सुनी बैरियों के घोड़ों की टापें। अगली टाँगें दे मारीं धरती पर। धरती फट गई। फट गई धरती। हिनहिनाई बक्की करोध से। उठ मिरजे। तेरी जान के बैरी आ गए। लेकिन आशिक को जब नींद आ जाए तो बड़ी मुश्किलों से खुलती है। मिरजा तो सपने देख रहा था। दुल्हन साहबाँ के साथ मीठी रातों के सपने। कैसे खुलती उसकी नींद। पहुँच गए वहाँ पाँच ज़ालिम। जबरदस्त भाई **(ढोलक पर डरावनी आवाज)**

आवाजें : क्या हुआ। आगे क्या हुआ। मिरजा...।

काजमी : हो गया कत्ल मिरजे का। बक्की ने कलेजा फाड़ देनेवाली

चीख मारी। खुल गई नींद मिरजे की। सामने खड़े नंगी तलवारें हाथों में उठाये पाँच दुश्मन। डरा नहीं। सूरमा बिल्कुल नहीं डरा। नीचे झुका। तीर तरकश गायब। सूरमा चीखा मेरा तरकश। मेरे तीर **(हारमोनियम आर्तनाद)** मिरजे ने साहबां की आँखों में देखा। धोखा। धोखा। इश्क का पहला धोखा। हो गया कुरबान इश्क भाइयों के प्यार पर। अब किससे लड़ना। क्यों लड़ना। खड़ा हो गया योद्धा हाथ पीठ पीछे करके। टूट पड़े पाँच जालिम जबरदस्त भाई निहत्थे मिरजे पर। कर दिये टुकड़े-टुकड़े मिरजे के लोहे जैसे मजबूत जिस्म के··· **(चुप्पी छोटी-सी)**

किशन सिंह : आशिकी का पहला धोखा। हीर राँझा, सोहणी माहीवाल में माशूकों के नाम पहले। लेकिन अब मिरजा का नाम पहले। माशूक ने धोखा दिया। इसलिए मिरजा साहबां···।

कहते हैं टुकड़े-टुकड़े हो कर मरते मिरजे को आखरी याद आई तो औरतों के तानों की, औरतों के मखौल उड़ाने की। छलनी छलनी हो गई आशिक की आत्मा से शाप निकला एक घायल गीत···।

किशन सिंह : **(गाता है हारमोनियम ढोलक के संग-संग)**

कुत्ती मरे फकीर दी, जेहणी टाँऊ टाँऊ नित करे
हट्‌टी सड़े कराड़ दी जित्थे दीवा नित बले
पंज सत मरण गवाँडणा ते रहनदियाँ नू ताप चढ़े
गलियाँ हो जाण सुन्नियाँ विच मिरजा यार फिरे।

(हारमोनियम, ढोलक की आवाज धीमी होने के साथ प्रकाश मद्धम। बाबा खड़ा हो गया। ऊपर से नीचे झुक कर तीन बार गीत की आखरी लाइन जख्मी हो गई आवाज में बोलता है—गलियाँ हो जाँण सुन्नियाँ विच मिरजा यार फिरे···)

अंधेरा।

दृश्य दो

[बाड़ा। देर रात। सब सोए हुए हैं, मुन्ना उठी। रास्ता टटोल बाबा के पास

थड़े पर पहुँची। हाथों में फटा-पुराना कंबल। प्रकाश मद्धम।]

मुन्ना : सो गए बाबा।

बाबा : ना मुन्ना। इतनी लंबी नींद सोया। अब तो जागना ही जागना है।

(मुन्ना पास बैठी। क़म्बल लपेटा। फिर बाबा को छूकर देखा आधा कंबल उसे ओढ़ाया)

मुन्ना : मुझे तो नींद आ ही नहीं रही। कितनी दुःखभरी कहानी है मिरजे की। अच्छा बाबा। क्यों दिया साहबां ने धोखा।

बाबा : धोखा नहीं। भाइयों का प्यार छोटा थोड़े होता है। मनुख थी। माँ जायों की जान का प्यार। पड़ गई कमजोर। बड़ा फर्क होता है धोखा देने और कमजोर पड़ने में।

मुन्ना : क्या फर्क। मुझे नहीं पता। मेरा तो एक भी भाई नहीं।

बाबा : इंसान हैं, आदमजात हैं। कमजोर तो पड़ेंगे कभी न कभी। परमात्मा कर देता है माफ ऐसी इंसानी कमजोरी लेकिन धोखा तो वोह देते हैं जो आदमी के नाम पर कोढ़। उन्हे न इंसान माफ करता है न भगवान। **(छोटी-सी चुप्पी)**

मुन्ना : मैं नहीं दूँगी धोखा।

बाबा : **(उदास)** पागल मुन्ना। तू कैसे दे सकती है। न तेरे भाई न तेरा कोई मिरजा। तेरी किस्मत कहाँ कि किसी को धोखा दे।

(चुप्पी। मुन्ना के सिसकने की आवाज। बाबा ने उसके सिर पर हाथ रखा)।

मुन्ना : बाबा। मुझे नींद नहीं आती।

बाबा : **(छेड़ता है)** तो करवटें बदल। किसी की मीठी याद का हाथ पकड़ ले।

मुन्ना : मुझे हमेशा दरद होता है। सिर से पैरों तक। दिन-रात होता है।

बाबा : डॉक्टर अमृता को दिखा देंगे।

मुन्ना : **(खीझ)** वो वाला दरद नहीं, मेरी छातियाँ अकड़ गई हैं। दो गोल-गोल पत्थर।

बाबा : लग गई प्यास नदी को। निकल आई पेड़ों के पत्तों की जीभें। प्यास से सूख गईं जीभें। दौड़ पड़ी धूप बादलों के

पीछे।

मुन्ना : मेरी कोख में दिन-रात काँटे चुभते हैं।

बाबा : खाली घर को हमेशा किसी के आने का इंतजार रहता है। गर्मियों के ताप से सुलग गई धरती। पहली बारिश ने डाल दी ठंड उसके कलेजे में। किसान को पुकारती धरती–कहाँ है तू। आता क्यों नहीं। डाल दे बीज। मैं दूँगी जन्म, हरे हरे, लगातार लहराते छोटे-छोटे पौधों को। कितनी जल्दी जवान हो जाएँगे मेरे बेटे। सूरज सुनहरा कर देगा उनका रंग। तब दिन-रात झूमेंगे मेरे बेटे अपनी ही ताकत से।

मुन्ना : क्यों पुकारती है धरती किसान को।

बाबा : धरती का धर्म जन्म देना। पालना। बड़ा करना। इसीलिए तो धरती माँ है। लोहे के हल से अपना सीना फड़वाती है, गर्भ धारण करने के लिये। और बीज पड़ते ही जुड़ जाता है उसका फटा हुआ सीना। फिर अपने दुखते सीने को हाथों से दाब सो जाती है। तब जन्म ले लेते हैं पेट में छोटे-छोटे बच्चे। माँ का हाथ पकड़ रूठना शुरू। माँ। हमें जन्म दो। हम सूरज देखेंगे। हम तारों की छाँव में नाचेंगे और चाँद के साथ आँख मिचौनी खेलेंगे। फिर फटता है धरती का वक्ष। और बिछ जाती है चादर हरे-हरे पौधों की, लगातार हिल्ले पौधों की।

मुन्ना : और ले जाता है किसान काटकर अपने घर।

बाबा : जो जन्मा है वह तो मरेगा। अडिग, अटल नियम सृष्टि का। हर किसी की कबर उसका इंतजार करती कबर। जैसे बच्चे की प्रतीक्षा करती माँ।

मुन्ना : धरती माँ को दुःख···।

बाबा : होता है। दुःख होता है। लेकिन कल आनेवाले सुख भुला देते हैं आज के दुःख को। वर्तमान हमेशा जीता है भविष्य के सुख के सपनों में। आज के घावों पर कल की आशाएँ मीठा मलहम लगाती हैं।

मुन्ना : प्यार। क्या होता है प्यार ? मुझे तो पता नहीं। अंधी जो हूँ।

बाबा : जब एक आत्मा दूसरी आत्मा का हाथ पकड़ ले। साथ-साथ चलने का हठ करे वोह प्यार होता है।

मुन्ना : बड़ी ताकत होगी प्यार में।

बाबा : हाँ। बड़ी ताकत होती है प्रेमी की आँखों में। प्यार की मीठी मस्ती देख पगलाया हाथी लौट जाता है। जंगल में प्रेमी की आँखों के तेज से सूरज का मुँह पीला पड़ जाता है। जंगल, जानवर, आदमी, सृष्टि के सारे जीव नतमस्तक हो जाते हैं प्यार और प्रेमी के आगे। क्योंकि प्रेमी चादर फूँक तमाशा देखते हैं।

(मधुर संगीत। मुन्ना का सिर बाबा की छाती पर। बाबा का हाथ उसके सिर पर। प्रकाश बिल्कुल मद्धम)

मुन्ना : मेरा बाबा। मेरा पागल बाबा। कितनी बातें आती हैं तुझे। हमेशा बक-बक करता रहेगा। मुझे तो समझ ही नहीं आती। लेकिन जानती हूँ। जरूर अच्छी बातें होंगी।

बाबा : **(उदास)** कौन समझता है पागल फकीरों की बातें। दरवेश पीरों की बातें...।

(मुन्ना ने उसके होठों पर हथेली रख चुप कराया)

दृश्य तीन

बाड़ाः [एक नेता किस्म का आदमी, अपने चेलों चमचों के साथ]

नेता : झंडा जी। पिछली बार आप लोगों ने हमारी पार्टी को वोट नहीं दिया। अच्छा किया। पता चल गया देश को कि जनता पार्टी जनता की है ही नहीं। कैसे बन सकती थी भारत भाग्य विधाता। हमने बाहर रहकर साथ दिया। लेकिन एक साल में दो प्रधान मन्त्री। दूसरे बेचारे की हसरत दिल में ही रह गई, लाल किले पर झंडा लहराने की। हो। विरोधी पार्टी हो। लेकिन पहले एकता तो कर लें आपस में। बिन ड्राइवर का इंजन रेल की पटरी से तो उतरना ही था।

झंडा : ठीक कहा जी। लेकिन सरकार कौन-सी भी आए, हमें क्या ? हम ने तो भीख ही माँगनी है।

(दो चमचे थोड़ा हट कर खड़े हो गए)

चमचा-1 : **(मुन्ना की तरफ इशारा)** क्या जवानी है ? छातियाँ देख।

कुर्ता फाड़ बाहर आई कि आई।

चमचा-2 : कुछ शर्म कर। अंधी है।

चमचा-1 : अंधी है तो हमने कौन-सी गीता पढ़वानी है। जो चाहे चढ़ जाए, जो चाहे उतर जाए। पहचानेगी इसकी माँ ? यह लोग एक बार मान जाएँ, फिर देखना...।

नेता : भाई। आप लोग वहाँ खड़े क्या बतिया रहे हैं। अपने भाई-बहनों से बात...।

चमचा-1 : इन्हीं के बारे में बातें कर रहे थे। नई जगह का इंतजाम आप करें और कमाई का हम। **(दोनों चमचे हँसे)**

नेता : **(बुढ़िया से)** माताजी। आप सबके रहने के लिए जगह का इंतज़ाम हो...।

बूढ़ी : पिछली बार उस राजा के आदमी भी यही कहते थे। तुम लोगों को हमारी याद अलकशन से पहले आती है। जीते और भूले।

नेता : राजा की बात मत कहो माताजी। उसने सारे देश के लोगों को धोखा दिया। खुद उसकी पत्नी ने कोर्ट में केस किया था—पागल है। जो घरवाली नहीं सम्भाल सकता वो देश...।

चमचा : सिर गंजा और जेब में कंघियों का जोड़ा। सैकड़ों लोग मरवा दिए। जिन्दा जलवा दिए सुधारों के नाम पर। देखा था टी.वी. पर। कविता कर रहा था। कविता मगरमच्छ के आँसू...।

नेता : न भाई। गाली नहीं देते। था तो हमारा प्रधानमंत्री।

चमचा-3 : चल गए चमड़े के सिक्के कुछ महीने...।

चमचा-4 : और अपनी ही पार्टीवालों ने कुर्सी छीन ली। चोर-चोर में फूट पड़ गई। कुत्ते हमेशा एक-दूसरे के मुँह से रोटी छीनते हैं।

नेता : **(बनावटी डाँट)** कितनी बार समझाया गालियों की भाषा मत बोला करो। सारे भारत के लोग भाई हैं। अखंड भारत। पूरे देश ने उन्हें अस्वीकृत कर दिया, आ गई समझ थोड़े से समय में। चोर के चार दिन। **(झंडे से)** झंडा जी। हम किसी के साथ मिल कर चुनाव नहीं लड़ रहे। अपने बलबूते पर करेंगे भारत माता की सेवा। जमीन तो ले ली है आपको

बसाने के लिए। मकान भी बनवा देंगे पर सरकार बनाने के पश्चात्।

बूढ़ी : **(उछाह)** हमारे लिए मकान बनेंगे।

नेता : हाँ माताजी। अभी तो टेंट लगवा देंगे। चुनाव जीतते ही सरकार से ग्रांट माँगेंगे मकानों के लिए।

चमचा : **(मुन्ना को देख)** लघु-उद्योग की फैक्टरी हम शुरू करवा देंगे। बैठे बिठाए कमाई।

नेता : झंडा जी। शहर में आपके बहुत से साथी हैं। आप तो उनके नेता बन जाओ। बात करो। हजार गज का प्लाट है। पहले आपके लिए पक्का मकान फिर…।

झंडा : **(हाथ जोड़)** आपकी किरपा हो जाए तो मरने से पहले अपने मकान में रह लेंगे।

चमचा : केवल मकान नहीं। बंधू कालोनी बनाने के लिए सरकार से जितना पैसा मिलेगा उसे खर्च भी आप करेंगे। आप ही बताओगे कितने भाइयों के मकान बनवाने…।

बूढ़ी : सच्ची। हम भिखारियों के लिए पक्के…।

नेता : माताजी, मत बोलें भिखारी। हमें कष्ट होता है। आप निर्धन भाइयों के दु:ख हमारी पार्टी दूर करेगी। अपने लोग और अपना देश।

चमचा : आप लोग सामान बाँध रखें। हम ट्रक ले आएँगे और ले चलेंगे आप सबको बंधू कालोनी।

मुन्ना : यह बंधु क्या होता है जी।

चमचा : रिश्तेदार। अपने लोग। जैसे हम। आज से बन गए तेरे बंधु।

नेता : झंडा जी। आप दूसरे बंधुओं से बातचीत…।

झंडा : **(सीना फुला कर)** बातचीत क्या करनी। इस शहर का सबसे पुराना भिखारी हूँ। कौन नहीं जानता झंडे को **(चुप्पी)** मकानों के लिए सरकार रुपये देगी। खर्च भी मैं करूँगा। लेकिन हिसाब कौन रखेगा। मैं तो अनपढ़…।

चमचा : **(मुन्ना पर निगाह)** हिसाब-किताब तो आज से ही शुरू हो गया। **(बाबे का प्रवेश। नेता और उसके साथियों के पास गया)**

बाबा : जय हिंद। लीडराने वतन। जय हिंद। इतने सारे देशभक्त

एक साथ। भगवान खैर करें।

नेता : **(शक से)** आप कौन हैं। पहले दर्शन नहीं हुए।

बाबा : हमने दर्शन दिए जो नहीं।

दुर्गा लड़की : हमारे बाबा हैं। बड़ी अच्छी कहानियाँ सुनाते···।

बाबा : दुर्गा माता। कहानियाँ बनानेवाले आ गए।

बूढ़ी : तू कभी तो अक्कल की बात कर लिया कर। नेताजी हम लोगों के लिए अलक्शन के बाद मकान बनवाएँ···।

बाबा : अच्छा। **(नेता के पाँव की तरफ झुका)** आपके पैर कहाँ हैं नेता जी। छू लेने दो मालिको। गरीबों के हमदर्द आ गए। ले लिया अवतार भिखारियों के भगवान ने

नेता : **(कन्धों से पकड़ बाबा को ऊपर उठाया)** आप पूज्य हैं हमारे। मत पाप चढ़ाइये पैर छू कर। आप समझाओ हमारे भाई-बहनों को। अभी तो तंबू में रहेंगे, चुनाव के बाद···।

झंडा : पक्के मकान। पहले मेरे लिए पक्का मकान।

बाबा : ठीक। झंडा तो हमेशा पक्के मकान में रहना चाहिए। कोई उठा कर ले गया तो। बस। साल में दो बार देश को दर्शन देने हैं। **(नेता से)** तारनहार। कहाँ चढ़ाई करवानी है। भिखारियों की फौज से। झंडा तैयार तो हम भी तैयार।

(असलम काजमी का साथियों के साथ प्रवेश)

काजमी : मत छोड़ना तुम लोग इस जगह को। इसने कमेटी की जमीन पर नाजायज कब्जा कर लिया है। चुनाव के बाद खाली करवाने के लिए लाठीचार्ज होगा, गोली चलेंगी। उठवा देगा तुम लोगों को सरकारी जमीन से।

नेता : प्रोफेसर काजमी। हम बसाएँगे। हम। किसका साहस होगा उठाने का। कैसी बातें करते हैं। हमें क्या लेना है इस बाड़े से ?

काजमी : है। लेना है। इस जगह होटल बनवाने का नक्शा तुमने पास करवा लिया है।

चमचा : क्या जानता है तू। नाटक कर। नुक्कड़ नाटक। क्रान्ति ला। जीती है तुम्हारी पार्टी यहाँ से कभी इलेक्शन। साले मिरासी। क्या बन गया तुम्हारी नौटंकी से।

अभिनेता : फूल हमेशा मौसम आने पर खिलते हैं और जंगली घास

रातों-रात बढ़ जाती है।

चमचा-2 : जानते हो हमारे मुँह लगने का मतलब। तेरी तो मैं…।

बाबा : जब मालिक भौंके तो कुत्ते हमेशा भौंकना शुरू कर देते हैं।

नेता : **(चमचों को डाँटा)** न भाई। लड़ाई नहीं करनी। विचारों की स्वतन्त्रता तो सबको है। **(काजमी से)** प्रोफेसर साहब। आप तो स्याने हैं। ठीक कहा। इन लोगों को नगरपालिका की जमीन पर बसायेंगे। अपने देश की जमीन है। पाकिस्तान की तो नहीं कि पुलिस उठा देगी। **(भिखारियों की तरफ संकेत)** क्या करेंगे यह जब बारिश आएगी।

बाबा : छतरियों से बारिश का स्वागत करेंगे।

चमचा : गरमी में झुलसोगे। तब क्या…।

बाबा : पहाड़ों की ठंडी बरफ की याद करेंगे।

चमचा : सरदी में मरोगे। तब…।

बाबा : मीठी-मीठी बातों का सेंक लेंगे।

नेता : मान जाओ। यहाँ से उठाने के लिए पुलिस लाठी चार्ज…।

काजमी : हर जख्म से एक तलवार निकल आएगी।

नेता : काजमी। मार्क्स और लेनिन को रूस ने निकाल फेंका बाहर। और तुम लोग लाओगे उन्हें भारत में।

अभिनेता : बेशक स्तालिन को काला पिशाच बनाओ
लेनिन और माओ के शवों को रौंद डालो
मार्क्स के लिखे का नामोनिशान मिटा दो
पर उस समझदारी का क्या करोगे
जो आत्मसात हो चुकी है मुझमें
और उस बज्र बन चुकी दलील का
तुम्हारे शोषण को जो रोज नंगा करती है।
इस भूल में मत रहना कि
तुम्हारे मेरे बीच
बस मार्क्स के पोथे हैं
लेनिन, माओ के प्रयोग हैं
स्तालिन की सर्वहाराशाही है।
आज मेरे तुम्हारे दरमियान
तमाम दुनिया की हर धरोहर है

और अपना हिस्सा हासिल करने की
मेरी जिद है
मेरा निश्चय है
मेरा दीवानापन है।

चमचा : लगाओ नारे। फाड़ लो अपने गले। करते रहो नाटक। कुछ नहीं होता कविताओं से, नाटकों से।

बाबा : अब होगा। बंदूक और बरछीवाले भी शामिल हो गए हैं।

नेता : **(काजमी से)** तू मुसलमान है। हिंदुओं का दुश्मन।

काजमी : तू शासक है। हिंदुस्तान का दुश्मन।

चमचा : हिंदुस्तान में मुसलमान नहीं रह सकते।

काजमी : हिंदुस्तान में हिंदुस्तानी नहीं रह सकते।

नेता : हम देश प्रेम की बातें करते हैं और तुम लोग...।

अभिनेता : खाली मनीआर्डर लेकर अवतार आकाश से उतर रहे हैं।
उन्हें सेवाएँ चाहिए सारे देश की।
लोग हैं कि चुपचाप खड़े हैं
बैंडबाजे की इंतजार में खिड़कियाँ खोल कर।
जुलूस में शामिल हो कर एक रैडक्रास गाड़ी उठा रही है।
पत्थर
फटे हुए झंडे
टूटी हुई चप्पलें
और लाशें पिछवाड़े पड़ी हैं
मकानों के दरवाजों में दीमकें व्यस्त हैं।

(सिपाही के साथ किशन सिंह का कॉलेज के लड़के-लड़कियों के साथ प्रवेश)

बाबा : थानेदार। तुझे कैसे पता चल गया देशभक्त आए हैं।

सिपाही : ये लोग आते हैं तो अपने पीछे खूनी खबरें छोड़ जाते हैं। सरदार किशन सिंह को खबर की। आ गए नौजवान।

(चमचे और नौजवान एक-दूसरे की तरफ बढ़ते हैं, लड़ाई की मुद्रा)

किशन सिंह : **(छुड़ाता है)** न भाई नौजवानो। नहीं उठाते हाथ नामर्दों पर। बस। एक भभका मार दो। निकल जाएगा इनका मूत पाजामों में।

चमचा : हमारा पेशाब नहीं। तुम्हारा खून निकलेगा।

बाबा : जो मर गए हैं पहले उनका खून तो सूख लेने दो।

चमचा : अब पुलिस नहीं, फौज आएगी। इन भिखमंगों के खिलाफ इलाके के लोगों ने लिखकर शिकायत की है। दिन को भीख (**मुन्ना के उभरे पेट की तरफ़ इशारा**) रात को रंडीबाज़ी।

अमृता : पेट तो तेरी माँ का भी फूला होगा जब तुम जैसे हरामी ने जन्म लिया। लोग उसे भी जरूर रंडी कहते होंगे।

नेता : मत आओ इन सिरफिरों की बातों में।

बाबा : इतिहास सिरफिरे बदलते हैं।

चमचा : (**सिपाही से**) तेरी पेटी उतरवा देंगे कल तक। कामरेडों के साथ···।

डॉक्टर लड़का : इसकी पेटी उतरे न उतरे, तेरा सिर उड़ जाएगा। फुरर से।

नेता : बंद करो भाई आप लोग आपस में लड़ना। भारत माता एक है। मत करो उसके टुकड़े। हम देशप्रेम की बातें···।

अभिनेता : तुम्हारा देशप्रेम जीती-जागती अश्लीलता है। 'पोस्टरों' में कैद नारे। भारतमाता के टुकड़े करने का ठेका तुम नेताओं ने ले लिया है। करा दो लड़ाई बर की भगवान राम से। बनाओ मन्दिर लोगों की लाशों की नींव पर। जोड़ो भारतमाता के टुकड़े लोगों के खून से···।

नेता : (**चमचों से**) चलो इन भिखारियों का दिमाग खराब कर दिया कामरेडों ने। मरेंगे। फिर आएँगे हमारे पास।

बाबा : मरेंगे तो तेरे पास कैसे आएँगे। जाएँगे अपने असली घर। अकाल पुरुख के पास।

चमचा : ये लोग गोली की जबान समझते हैं।

बाबा : अभी खत्म नहीं हुईं तुम लोगों की गोलियाँ। कुछ सोचो। ठंडे दिल से विचारो। नहीं समझती गोली किसी की भी भाषा। नहीं करती अपने पराये का भेद। गोली का धर्म है जान लेना।

नेता : (**झंडे से**) झंडा जी। आप मिलने आना। इन लोगों से मुँह लगाने का फायदा। यह जगह तो खाली हो कर रहेगी। इलाके के लोगों ने प्रार्थना पत्र दिया है। नई जगह से भी

जाओगे।

झंडा : मैं आऊँगा। जरूर आऊँगा। मेरा मकान…।

काजमी : झंडा जी। जिन्दा रहोगे तो मकान में रहोगे।

नेता : **(चमचों के साथ जाते हुए)** इनकी छोड़ काजमी। अपनी सोच। तेरे दिन…।

सिपाही : प्रोफेसर साब। आप चौकस रहें। यह नेता नहीं, लाइसेंस शुदा गुंडा है, गुंडा।

काजमी : जीने का अधिकार उसे है जिसे मरना आता हो।

मुन्ना : **(अमृता से)** डॉक्टर जी। मेरे पास आओ। कितने महीनों बाद हमारी याद आई।

(अमृता अपने कानों से टाप्स उतार मुन्ना के कानों में डालती है। मुन्ना ने छू कर देखे)

मुन्ना : कैसे लगते हैं डॉक्टर जी। कौन रंग है।

अमृता : लाल रंग। मुन्ना। तेरे कान भी मेरे कानों की तरह बहुत छोटे हैं **(उसका पेट छू कर)** बधाई। हमारी मुन्ना माँ बनेगी। अच्छा, सुनो। किसी दिन किसी के साथ अस्पताल आ जाना कुछ टीके…।

मुन्ना : मैं नहीं लगवाने टीके। बहुत दरद…।

किशन सिंह : कुड़िये। सुख से पहले दुःख आता है। हमेशा आता है। **(नौजवानों से)** यारो छोड़ो लड़ाई की बातें। जीव आ रहा है जीव। कुछ नाचो। कुछ गाओ। स्वागत करो आनेवाले मेहमान का।

(मुँह पर उल्टा हाथ रख किशन सिंह बुल्लारा मारता है। उत्सव संगीत। ढोलक। सब नाचते हैं। झंडा उनसे अलग खड़ा गुस्से से देख रहा है)

अंधेरा…

दृश्य चार

बाड़ा : **[देर रात मुन्ना, बाबा चबूतरे पर। मद्धम प्रकाश]**

मुन्ना : **(पेट पर हाथ फेरा)** बाबा। लड़का कि लड़की।

बाबा : इंसान।

मुन्ना : पेट में चलना शुरू कर दिया। छोटे-छोटे पैर मारता है।

बाबा : जीव कहता है मुझे संसार में आने दो। सूरज देखूँगा। मुट्ठी में धूप पकडूँगा। नहीं रहना मुझे अकेले। अपने संगी-साथियों के साथ रहूँगा।

मुन्ना : दुनिया में आएगा तो खाएगा क्या।

बाबा : जो पेट देगा वह रोटी भी देगा।

मुन्ना : मैं नहीं माँगने दूँगी भीख। तू पढ़ा देना। बड़ा स्याना है न। तुझे तो अंग्रेजी भी आती है।

बाबा : मत पढ़वाना मुझसे। सच सीखा नहीं कि जीना मुश्किल। पागल हो जाएगा। अब विद्या और जीवन में ईंट कुत्ते का वैर है। सच तो रखैल है बहुमत की।

मुन्ना : एक बार। बस एक बार भगवान मेरी आँखें ठीक कर दें। इसे देख लूँ। भगवान फिर चाहे कर दें अंधा। कहते हैं भगवान हमेशा गरीबों की सुनते हैं। बाबा। तू भगती करना। शायद तेरी सुन लें।

बाबा : भगवान किस-किसकी सुनें। सारे संसार में मारकाट मची है। अपनी ताकत से अन्धा हो चुका इंसान भगवान बन गया है। इतना घमंडी। अब जीने-मरने के फैसले इंसान करता है। इतनी सारी भाषाएँ हैं उसके पास। फिर भी नहीं समझते एक-दूसरे की बात। ताकत और हथियार सबसे पहले भाषा का खून करते हैं। फिर इंसान का। मुन्ना जी। जीना तो इसे पड़ेगा इस अन्याय की दुनिया में। लेकिन मत डर तू। भगवान ने इंसान को बहुत ताकतवर बनाया है। जिस दिन आदमी के अंदर प्रकाश आ जाए सिंहासन पलट देता है, माथों से मुकुट उतार मिट्टी में मिला देता है। कहते हैं दुनिया में सात अजूबे हैं। सेवन वन्डर्ज आफ द वर्ल्ड। बेवकूफ। आठ अजूबे। आठवाँ अजूबा है इंसान। भगवान का पहरेदार। संसार की रक्षा करनेवाला योद्धा पहरेदार **(उदास)** पता नहीं क्या हो गया इस योद्धा को। सोया है। लम्बी नींद सोया है। लेकिन जागेगा जरूर। अन्याय देखेगा और उतर आएगा उसकी आँखों में खून।

मुन्ना : हे भगवान। तू कितना बोलता है। पागल। तुझे तो बोलने

की बीमारी है। मत कर खून-खराबे की बातें **(पेट छू कर)** अच्छी-अच्छी बातें करो ना। सुन। नाम क्या रखेंगे। मुझे तो पता ही नहीं चलना शक्ल-सूरत कैसी होगी।

बाबा : मेरी आँखों से देख लेना।

मुन्ना : कब शुरू होगा चलना।

बाबा : जब हाथ-पैरों को डाँट पिलाएँगे। चलो अब। बड़े हो गए हो। शर्म नहीं आती। दिन-रात खाते हो और चलना नहीं आता।

मुन्ना : हाथों को कैसे पता···।

बाबा : जिस दिन हाथों को पता चल जाए उस दिन प्रलय आ जाती है। नहीं सोने देते तब हाथ किसी को भी। हो जाती है नींद हराम जालिमों की। थर-थर काँपते हैं झूठ की चमकदार कुर्सी पर बैठे झूठे लोग।

मुन्ना : **(डरी आवाज)** फिर तो इसके हाथ कभी न जागें। सोये ही अच्छे। असलम भाई का नाटक सुना था। अंधी हूँ तो क्या हुआ। समझ आ गया था। एक नौजवान के बारे में था। हमेशा हाथों की ताकत और जागने की बातें करता था। लटका दिया उसे फाँसी पर। और···।

बाबा : योद्धा कभी नहीं मरते। फाँसी घर से एक चमकता हुआ सूरज निकलता है और उग जाता है अनगिनत आत्माओं में। कभी नहीं मरता सच। योद्धा की चिता की एक-एक लपट से सौ-सौ योद्धा जन्म लेते हैं। तब होता है जन्म डरावनी सुंदरता का, भयभीत कर देनेवाले सौंदर्य का। ए टैरीबल ब्यूटी इज बार्न।

मुन्ना : फिर बोला तू अंग्रेजी। मुझे डर···।

बाबा : न मुन्ना। कोई भी भाषा बुरी नहीं होती। बुरे होते हैं उसके व्यापारी। उसके दलाल। हर भाषा ने सच कहे हैं। जानती है। दुःख-दर्द के दरिया को तैर कर पार करनेवाले लेखक और कवि अपनी जिंदगी का दो कौड़ी मोल डालते हैं। उनके लिखे, उनके बोले शब्द शक्ति देते हैं दुर्बल आदमी को। **(अलग-अलग तरह से बोलता है)** तुम मुझे खून दो। मैं तुम्हें आजादी दूँगा। **(कवि की आवाज)** लो, अब आन

पहुँचा हूँ मैं। यह है मेरा जफरनामा। अपने हिस्से की कटार के लिये। हाजिर है मेरा पेट।

मुन्ना : कितने स्याने होते हैं लिखनेवाले। मैं तो पढ़ नहीं सकती... ।

बाबा : **(उदास)** जिन कंधों पर स्याने सिर होते हैं उन्हें झट से काट देते हैं दमन करनेवाले लोग। धर्म के नाम पर अंधे हो गए लोग।

मुन्ना : भगवान करें मेरा बच्चा स्याना न हो। फिर तो उसे लोग मार डालेंगे। हम भिखारी और बेवकूफ ही अच्छे। अगर सच बोलने से फाँसी लग जाए तो क्या फायदा। क्या बदलेगा।

बाबा : कुछ नहीं बदल सकता। क्योंकि हर माँ चाहती है कि बेटा हो तो भगत सिंह जैसा। लेकिन उसका नहीं। पड़ोसी का।

मुन्ना : नाम क्या रखेंगे।

(छोटी दुर्गा चबूतरे पर आती है)

छोटी दुर्गा : भगवान करे लड़की हो। मेरी छोटी बहन। मैं ले जाऊँगी अपने साथ भीख माँगने।

बाबा : माँ दुर्गे। तू जाग गई। **(हँस कर)** पापियों के नाश के लिए एक दुर्गा बहुत होती है।

छोटी दुर्गा : कपड़े कौन से पहनेगी ? हमारे पास तो छोटे बच्चों के कपड़े नहीं... ।

बाबा : खून के बने कपड़े डालेंगे।

मुन्ना : खाएगी क्या ?

बाबा : गालियाँ।

छोटी दुर्गा : खेलेगी किसके साथ ?

बाबा : भूख से। अपने दुखों के साथ।

मुन्ना : **(गुस्सा)** चुप। हो जा चुप बाबा। बच्चा पैदा नहीं हुआ और तूने गालियाँ देनी शुरू कर दीं। पक्का पता चल गया अब मुझे। तू पागल है। एकदम पागल। राक्षस।

बाबा : **(उदास)** न मैं पागल। न मैं राक्षस। अपने गंदे समय की गंदी गाली।

मुन्ना : **(उठती है)** नहीं बैठती मैं तेरे पास। नहीं बोलूँगी तुझसे। तू सचमुच गाली है। खूनी गाली। **(टटोलकर चबूतरे से**

उतर गई)

छोटी दुर्गा : **(छेड़ती है)** बाबा। मुन्ना तो रूठ गई।

बाबा : जब अपने लोग रूठते हैं तो जल्दी मान भी जाते हैं।

छोटी : भीख माँगने जाती हूँ तो लोग क्यों डरते हैं मुझ से। कहते हैं– आ गई दुर्गा। खून पीनेवाली दुर्गा। बाबा बहुत डरावनी देवी होती है।

बाबा : पापियों के लिए डरावनी देवी। जो लोगों का लहू पीते हैं उनके लिए डरावनी देवी। उन लोगों को देखते ही माँ दुर्गा को प्यास लग जाती है। तब उसकी एक जीभ बदल जाती है सैकड़ों जीभों में। पापियों का रक्तपान करने के लिए सैकड़ों जीभें। आँखों से बरसती आग।

(झाँझ बजने का संगीत)

दुर्गा : बाबा जी। मेरी कब होंगी सैकड़ों जीभें।

(मुन्ना फिर चबूतरे पर आती है)

मुन्ना : बाबा। तू नाराज तो नहीं ना। मीठी बातें कर। **(पेट पर फेरती है)** इसे तो नींद आती ही नहीं। दिन-रात जागता है। मुझे सोने नहीं देता। बहुत शरारती होगा मेरा बच्चा। **(मधुर संगीत)**

बाबा : किलकारी मारेगा तो नदियों के पानी गाना शुरू कर देंगे। भूख लगेगी तो गाय के थनों में दूध उतर आएगा। धूप लगे तो बादल सिर पर छतरी खोल देंगे। सरदी में सूर
पास छोटी-सी अंगीठी बन कर बैठ जाएगा। **(अँधेरा होना शुरू)** बच्चा। मेहमान। प्रभुजी का भेजा अतिथि। ले आता है अपने साथ थोड़ा-सा प्रकाश परमात्मा के घर से। अपनी छोटी-छोटी बंद मुट्ठियाँ जब खोलता है तो छिटक जाते हैं आसपास प्रकाश के छींटे।

(अंधेरा। छोटी दुर्गा, मुन्ना चबूतरे पर लेट गईं)

(बाबा, उदास आवाज) "किसने छीन लिया यह पवित्र प्रकाश मेरे बच्चों की बंद मुट्ठियों से। मेरा बेटा। मेरा प्रकाश। मेरा''' ।"

(उदास संगीत)

अंक तीन

दृश्य एक

स्थान : बाड़ा [भागते हुए, गिरते पड़ते, घायल, फटे कपड़ों में एक-एक, दो-तीन के समूह में भिखारियों का बाड़े में प्रवेश। शरीर पर चोटें, हाँफते। कुछ चीखते। सबसे अंत में लड़खड़ाती मुन्ना भाई। आसपास की दुकानों, मकानों से दौड़कर कुछ मर्द-औरतों का प्रवेश। खून पोंछते, पट्टियाँ बाँधते। मुन्ना का पैर चबूतरे के पास अटका, वहीं गिर गई। बाऊजी। उसके बेटे भाग-भाग कर पानी पिलाते]

बाऊजी : क्या हुआ। किसने मारा।

बुढ़िया : पुलिस भिखारियों को पकड़ रही है। स्टेशन पर पकड़ा। बस अड्डे पर…।

आदमी : लेकिन क्यों।

युवक भिखारी : कानून बन गया। भीख माँगना जुर्म है।

बाऊ-बेटा : बाबाजी। मेरे बाबा जी कहाँ हैं। पकड़ लिया पुलिस…।

(बाबा मंच के किनारे खड़ा उनकी बातें सुन रहा है। सैनिक चाल से चल कर चबूतरे पर चढ़ा)

बाबा : कौन पकड़ सकता है तख्त हजारेवाले को। हम राजा हैं।

सरकार हैं। अंग्रेजी में भीख माँगते हैं। रोका रास्ता पुलिसवालों ने। बोल दिया अंग्रेजी का एक फिकरा। हाथ जोड़ माफी माँगी–गलती हो गई साहब। और बढ़ गए आगे बेचारे पुलिस वाले।

बाऊ-लड़का : **(मुन्ना की तरफ इशारा)** इसकी टाँगों से खून...।

बुढ़िया : **(नीचे झुक देखा)** उठाओ। अंदर ले चलो। बच्चा हुआ कि हुआ। शायद पेट पर लाठी...।

(कुछ लोगों ने मिलकर मुन्ना को उठाया, बाड़े में ले गए। बाबा तन कर खड़ा। सेनापति की तरह, गर्दन घुमा सब तरफ देख रहा है)

बाबा : **(तेज आवाज)** दुर्गा। माँ दुर्गा। कहाँ। थाने में। मेरी माँ। दुर्गा। **(झंडे का प्रवेश। कहीं कोई चोट नहीं कपड़े भी ठीक)**

झंडा : हाँ। हरामजादी थाने में है। अपने आपको सचमुच की दुर्गा समझती है। पुलिस आती देख मैंने कहा भाग। वहीं की वहीं खड़ी हो गई। मुझे गाली दी–टुंडे। तू भाग। दुर्गा कभी नहीं भागती। पुलिसवाला पकड़ने लगा। मारा उसके मुँह पर थप्पड़। और जूते शुरू पुलिस के। पकड़ा बालों से। घसीट कर ले गए थाने। **(बाबे के बराबर थड़े पर खड़ा हो कर)**। तू। तू है सारे झगड़े की जड़। पागल। पागल कुत्ता। सबका दिमाग तूने खराब किया है। मारो। हरामजादे को पत्थरों से मारो। देखना अपनी माँ दुर्गा को। जब थाने से छूटेगी। बराबर कर दें उसका अगला-पिछला सुराख थाने में।

(छोटी दुर्गा प्रवेश कर चुकी है। झंडे का अन्तिम वाक्य सुन लिया। कपड़े तार-तार। चेहरे पर खून, शरीर पर चोटें। एक हाथ से बहता खून। उसी हाथ में गत्ते का तुड़ा-मुड़ा मुकुट। आँखों में तेज। चुप्पी। थड़े पर चढ़ी। दुर्गा उत्सव संगीत का तेज टुकड़ा। चुप्पी)

छोटी दुर्गा : **(झंडे को लगातार थप्पड़ मारती है।)** तू करवायेगा मेरा अगला-पिछला सुराख बराबर। उस नेता से पैसे तू ले। पुलिस से हमें तू मरवाए। मुँह में शहद। दिल में जहर। अब मैं तेरा खून...।

(बाऊ बेटे ने उसका खून सना हाथ पकड़ा। गिलास से पानी डाला। खून अब भी बहता हुआ। उसने रूमाल से पोंछा। रोना शुरू हो गया)

एक औरत : इसका हाथ। इसकी सारी उँगलियाँ तोड़…।

दुर्गा : इस हाथ से मैंने थप्पड़ मारा था। थाने में उस पुलिसवाले ने जमीन पर रखा। कील लगे बूट से ठोकरें मारीं…।

बाऊ-बेटा : **(सुबकता है)** बहुत दर्द हुआ। तू रोई।

दुर्गा : नहीं। बिल्कुल दर्द नहीं हुआ। जोर से चीख मारी। डर गये वो लोग धक्के मारकर थाने से बाहर निकाल दिया।

दुर्गा : **(नीचे झुकी, ईंटें उठाई। औरत ने उसका उठा हाथ पकड़ लिया)** हमला तूने करवाया। उस नेता से पाँच सौ रुपये तूने लिये। थानेदार ने खुद बताया।

बाबा : **(दुर्गा को अपने साथ चिपका कर)** माँ दुर्गा। तू झूठ बोली। जब जालिमों ने हाथ की उँगलियाँ तोड़ीं तो बहुत दर्द हुआ। **(छोटी दुर्गा ने कुचला हाथ सामने किया। सारा शरीर काँपना शुरू। दुःखभरी पहली चीख। चबूतरे पर बैठी सुबक-सुबक कर रो रही है। बाऊ बेटा नीचे बैठो। कुचला हाथ पकड़ा। उसके साथ रोना शुरू कर देता है)**

बाबा : **(तनकर खड़ा दहाड़ा)** एटम बम। मेरा एटम बम। कौन ले गया। कहाँ है। कहाँ है। मेरा एटम बम। एटम…।

(काजमी का कुछ साथियों के साथ प्रवेश। पेंटर केवल भी साथ, हाथ में तस्वीरें बनाने का सामान)

बाबा : असलम काजमी। कहाँ हैं तेरी आवाजवाले। कब उठेंगे बस्ती-बस्ती से।

काजमी : **(साथियों की तरफ इशारा)** मेरे साथ हैं।

बाबा : कहाँ हैं मेरे बरछे और बंदूकवाले सूरमा।

काजमी : हथियार तेज कर रहे हैं। बंदूक में गोलियाँ भर रहे हैं।

बाबा : **(केवल से)** देख। बना तस्वीरें। हाथों-हाथ बेच। खून की कमाई की नीलामी लगा।

(केवल ईजल ऊपर उठा चबूतरे पर मारता है, कई टुकड़े हो गए।)

(दुर्गा के पास बैठा। आँसू बहना शुरू)

बाऊ : क्यों पकड़ रहे हैं पुलिसवाले भिखारियों...।

काजमी : भीख माँगना मना है। कानूनन जुर्म।

बाबा : कानून। जुर्म। भीख माँगना मना। **(दहाड़ता है)** सरकार। भीख। पुलिस। क्यों नहीं पकड़ती पुलिस सरकार को। **(चीखकर)** एटम बम। मेरा एटम बम। लाओ। किसने छुपा दिया। एटम बम। मेरा। एटम। बम।

(दुबले-पतले दाढ़ीवाले लड़के ने हारमोनियम का ढक्कन उतारा। दुर्गा के पास बैठ उसका कुचला हाथ पकड़ा। छोड़ा। चेहरा कठोर हो गया)

दाढीवाला लडका : **(बंगला भाषा में)** भीषन व्यथा कोरछे माँ भीषन मेरे छे अत्याचारीरा।

बाऊ बेटा : कौन-सी बोली बोल रहा है। कहाँ से आया।

काजमी : बंगाल से कुछ साथी आए हैं। नुक्कड़ नाटक मंडली।

बाबा : खुदी राम बोस। भगत सिंह। नेताजी। आ गए। आ गए। खून दो। आजादी देंगे। खून। खून। आजादी। आजादी।

(दाढ़ीवाले ने हारमोनियम पर धुन बजाई। ढोलक, झाँझ। वह गाना शुरू करता है। बंगाल से आए साथी उसके पीछे समूह-गान में गाते हैं)

दाढ़ीवाला : जागो दुर्गे। जागो दशप्रहरधारिणी
अभया शक्ति, बल प्रदायिनी
तुमी जागो।
जागो दशप्रहरधारिणी
जागो, तुमी जागो... **(चुप्पी)**

(बूढ़ी भाग कर चबूतरे के पास आई)

बूढ़ी : मुन्ना के बेटी...।

बाबा : **(हाथ जोड़े)** प्रभु जी। लीला। खून का दरिया। कमल...।

बूढ़ी : लेकिन बच्ची मरी हुई पैदा हुई। शायद मुन्ना के पेट पर ठोकर...।

बाबा : **(राजाज्ञा)** चुप। बिल्कुल चुप। नहीं बताना। मुन्ना को। आर्डर। आर्डर। तख्त हजारेवाले का आर्डर।

(दाढ़ीवाला चबूतरे पर खड़ा हो गया। बिना संगीत के दहाड़ने वाली आवाज में गाता है साथ-साथ पगलाया हुआ

नाचता है, युद्ध-नृत्य)

जागो दुर्गे। जागो दशप्रहरधारिणी
अभया शक्ति, बल प्रदायिनी,
जागो दशप्रहरधारिणी
जागो, तुमी जागो
जागो दुर्गे, जागो, तुमी जागो।

अँधेरा···

दृश्य दो

स्थान : बाड़ा [मुन्ना अधलेटी। पास बैठा बाबा, बाकी भिखारी आसपास]

मुन्ना : बाबा। कैसा रंग है मेरी बेटी का। गोरी कि मेरी तरह काली।

बाबा : हाथ लगाने से मैली हो जाए। पहाड़ों की पवित्र बर्फ।

मुन्ना : आँखें।

बाबा : आसमान में आराम करते दो तारे।

मुन्ना : नाक

बाबा : पतली। तीखी। छोटी कटारी।

मुन्ना : होंठ।

बाबा : **(आँसू बहने शुरू)** ओस में स्नान करके आई कली। तेरी तरह हमेशा बोलती ही रहेगी। मुझे देखा। होंठ हिलने शुरू। मैं तो सबकी बोली समझ लेता हूँ। लग गया पता मुझे। परियों की कहानी सुनने की जिद कर रही है छोटी-सी। सुन्दर-सी।

मुन्ना : **(उछाह)** कौन-सी कहानी। मुझे भी सुनाओ ना।

बाबा : नः परियों की कहानियों पर बस बच्चों का हक होता है। मुन्ना जी । मैं तो मुसीबत में फँस गया। दुःखों के देश का वासी। परियों की सारी की सारी कहानियाँ भूल गया। दुःख खा गए प्यारी-प्यारी कहानियाँ। कहाँ से सुनाऊँगा।

मुन्ना : मुझे नहीं पता। किताबें पढ़ो। परियों की कहानियाँ याद करो। खबरदार। मेरी बेटी को कभी मत सुनाना दुखोंवाली कहानियाँ। बाबा। अब मैं कभी नहीं कहूँगी तुझे कहानी सुनाने को। बस। एक कहानी हर रोज परियों की कहानी,

मेरी बेटी को सुना देना। बाबा। बहुत अच्छा होता होगा परियों का देश। बच्चे सुनकर सो जाते हैं।

(छोटी दुर्गा चबूतरे पर चढ़ी, मुन्ना के पास बैठ गई)

बाबा : **(आँसू गिरने शुरू, भारी आवाज)** हाँ मुन्ना जी। बड़ा अजीब होता है परियों का देश। सारा साल रंग-बिरंगे फूल खिलते हैं। रात नहीं। अँधेरा नहीं। वहाँ के लोगों के पास घड़ियाँ नहीं। एक लगातार, शाश्वत उजाला। हमेशा एक फूल से दूसरे फूल पर मटकती सतरंगी तितलियाँ। परिन्दे पेड़ों की टहनियों पर बैठ राम सलाम करते हैं। टहनियाँ हिलकर उन्हें गुडमार्निंग कहती हैं। सारा दिन तैरते रहते हैं परिन्दे उजाले की हिलती चादर पर। एक मजे की बात बताऊँ। इस देश के वासी आपस में कभी नहीं झगड़ते। न पुलिस। न फौज।

छोटी दुर्गा : **(मुन्ना की टाँगों की तरफ इशारा)** बाबा, खून फिर···।

मुन्ना : मत बोल बीच में। बाबा। मेरी बेटी रोती क्यों नहीं। तरस गई मैं उसकी आवाज···।

बाबा : अच्छे बच्चे कभी नहीं रोते।

मुन्ना : झूठ। तू झूठ बोलता है। सब बच्चे रोते हैं। मेरी बच्ची को दो मेरी गोदी में। मेरी छातियों से दूध निकलना शुरू। सारी कमीज गीली हो गई। लाओ। उसे लाओ। दूध पिलाऊँगी।

बाबा : तेरी बेटी तो नहीं आ सकती।

मुन्ना : **(चीख)** क्यों ? क्या हुआ उसे ? क्यों नहीं आ सकती ?

बाबा : **(चीखता है)** यू ब्लडी ब्लडी वोमेन। नो वन एवर रिटर्न्ज फ्राम दा कन्ट्री ऑफ फेयरीज।

मुन्ना : **(भयभीत)** फिर बोला तू अंग्रेजी। जरूर कोई बुरी बात होगी। बता। जल्दी···।

बाबा : मर गई। मर गई तेरी बेटी। पैदा हुई। आँखें खोलीं। दुःखभरा संसार देखा। नहीं लगा अच्छा। लौट गई वापस भगवान के घर।

मुन्ना : **(खड़ी हुई। लड़खड़ाई। बाबा की छाती पर मुक्के मारती है)** पाग़ल। कमीने। क्यों सुनाई तूने मेरी बेटी को परियों की कहानी। तू हमेशा झूठी कहानियाँ सुनाता है। मेरी बच्ची को

झूठी कहानी सुनाकर मार दिया **(चबूतरे पर गिरी)** मेरी बच्ची। मेरी बेटी। मर गई। मेरी...**(बेहाश)**

बाबा : **(अपने आप से)** जीवन परमात्मा का कर्ज। मौत उतार देती है यह कर्ज।

(छोटी दुर्गा ने मुन्ना की टाँगों के बीच मैली-सी चादर रखी। किशन सिंह के साथ अमृता, डॉक्टर लड़कों का प्रवेश। अमृता मुन्ना के पास बैठी)

अमृता : क्या हुआ ? मुन्ना का बच्चा...।

बूढ़ी : लड़की हुई। मरी हुई।

अमृता : मुन्ना बिल्कुल ठीक थी। फिर सातवें महीने...।

बूढ़ी : पुलिस पकड़ने के लिए पीछे भागी। शायद मुन्ना के पेट में ठोकर...।

डॉक्टर : **(मुन्ना को झिंझोड़ा)** बता। मुन्ना। बता। किसने मारी तेरे पेट में ठोकर **(दहाड़ता है)** आँखें खोल। शक्ल बता। कलगीवाले की सौगंध। दिन दहाड़े उसका कत्ल कर दूँगा।

मुन्ना : **(मरियल आवाज)** डॉक्टरजी। कैसे बताऊँ। मैंने तो देखा नहीं। अन्धी जो हूँ।

(डॉक्टर थड़े पर बैठा। हाथ मुँह पर। पीठ हिल रही है)

अमृता : **(लड़के का कंधा पकड़ा)** इकबाल। बंद कर रोना। टैक्सी ला। मुन्ना को अस्पताल...।

मुन्ना : डॉक्टरजी। मैं नहीं जाना अस्पताल। मैं तो चली अपनी बेटी के पास। उसे दूध पिलाऊँगी। भूख लग गई होगी मेरी बेटी...।

अमृता : भाग कर जाओ। काटन का पैकेट...।

मुन्ना : बाबा। कहाँ है बाबा। मेरे पास बैठो बाबा। **(बाबा बैठा। मुन्ना के दोनों हाथ पकड़े। अब रो नहीं रहा। चेहरा पत्थर जैसा)**

मुन्ना : बाबाजी। भूल-चूक माफ। बाबा भगवान के घर जा कर भी अन्धी रहूँगी। कैसे देखूँगी अपनी बेटी...।

बाबा : मुन्ना स्वर्ग पहुँचते ही प्रभुजी आँखें लौटा देते हैं।

मुन्ना : **(कानों से टाप्स उतार कर अमृता की ओर बढ़ाये)** डॉक्टरजी। अपनी बालियाँ वापस ले लो। मैं तो अपनी बेटी...।

अमृता : नहीं। मुन्ना नहीं। हम तुझे अस्पताल ले जाएँ...।

बाबा : मुन्ना। मत जा। **(गुस्सा)** तू अकेली स्वर्ग जाएगी। ऐश करेगी। कमीनी। स्वार्थी। **(भर्राई आवाज)** मुन्ना। प्लीज डोन्ट डाई। अब मैं सारा दिन किस से बक-बक करूँगा। कौन सुनेगा मेरी वाही-तबाही। बातें नहीं करूँगा तो मेरा कलेजा फट जाएगा। **(आदेश देती आवाज)** मुन्ना। डोन्ट डाई। मत मर मुन्ना लेकिन तू मरेगी जरूर। क्योंकि हम सब बँधे हैं दुःख के जलते हुए रथ से। वी आर ऑल टाईड विद द बरनिंग चैरियट ऑफ पेन। किसने कहा था ? भगवान बुद्ध ने...।

(इकबाल का भागते हुए प्रवेश)

इकबाल : अमृता। टैक्सी आ गई। उठाओ मुन्ना...।

किशन सिंह : **(मुन्ना की कलाई पकड़)** मुन्ना तो पूरी हो गई। चली गई अकाल पुरुख के घर।

अमृता : **(चीखी)** किशन सिंह। किसने बनाया तुझे डॉक्टर। तुझे कैसे पता चला मुन्ना मर...।

किशन सिंह : **(हाथ अमृता के सिर पर)** अमृत बेटा। गुस्सा करने से जीव वापस नहीं आते। अरदास करो।

(हाथ बाँध खड़ा। सफेद दाढ़ी आँसुओं से भीगी हुई। सब खड़े हो गए। आँखें बंद। बाबा चबूतरे से उतर बाड़े में गया। सबकी तरफ पीठ। अरदास के समय बार-बार नीचे झुक कुछ उठायेगा। पता नहीं क्या।)

किशन सिंह : सतनाम। वाहे गुरू। सतनाम। वाहे गुरू।
ज्यों-ज्यों तेरा हुकम ते मैं त्यों होंवणा
जेह-जेह रखे आप तेह जया खलोवंणा
नाम तेरे दे रंग दुर्मत धोंवणा
जप-जप तुध निरंकार भरम को धोंवणा
ज्यों-ज्यों तेरा हुकम...।

(अरदास खत्म। बाबा मुड़ा। थड़े की तरफ चलना शुरू। कलाइयों में लटके भीख माँगनेवाले डिब्बे। चेहरे पर डरावने रंग। हाथपैरों में रंगी हुई पट्टियाँ। चेहरा एकदम भयानक। थड़े पर चढ़ा तन कर खड़ा हुआ। साथ छोटी दुर्गा। बाबे ने दोनों हाथ हिलाए। डिब्बों में पड़े पत्थरों की खड़-खड़ कर्कश आवाजें। सैनिक की तरह आक्रमण की मुद्रा में

झुका। हाथों में पकड़ी काल्पनिक बंदूक मुन्ना की तरफ तानी)

बाबा : (आदेश।ललकार) थम। मुन्ना। थम। किधर जाती।

(थड़े से उतर सैनिक चाल में चलना शुरू। पीछे-पीछे उसी तरह चलती दुर्गा। बाबा रुका। चुप्पी। दोनों बाँहें हिलाईं। खड़-खड़-खड़। मद्धम होते प्रकाश में बाबा और दुर्गा के अतिरिक्त बाकी पात्र बाहर गए। नाटक के इस भाग का मंचन अभिव्यंजनावादी तकनीक (एक्सप्रैशनिस्ट स्टाइल) में होगा। भावों को विकृत-हिंसक बिम्बों में मंचित करना है। सामाजिक तथा राजनैतिक संदर्भ में। संगीत प्रकाश और डरावने रंगों के संयोजन से छोटे-छोटे दृश्य दिखाए जाएँगे अतिरंजना (एगज़ैजरेशन) के माध्यम से। किसी ने कुछ भी नहीं बोलना। हिंसक घटनाओं से उत्पन्न परिणाम मूक अभिनय के द्वारा मंचित होंगे।

कॉंग्रेस, बी.जे.पी. नीले कपड़ों पर सितारोंवाले और कुछ अन्य राजनैतिक पार्टियों के बाँसों पर बँधे झंडे धीर-धीरे मंच पर ऊपर उठते हैं। पहले अलग-अलग, फिर बाँसों पर बँधे झंडे एक-दूसरे पर आक्रमण करते। प्रकाश आपस में उलझ रहे झंडों पर भगवे कपड़े पहने, हाथों में त्रिशूल लिए कुछ लोगों का मंच पर पग़लाया नृत्य। डरावना संगीत। झंडों के मंच से हटते ही पागल नृत्य करते लोग भी बाहर। प्रकाश।)

चार : बाड़े में रखे भिखारियों के सामान को कुछ लोग उठाकर फेंक तोड़ रहे हैं। नेतानुमा आदमी विजयी मुस्कान के साथ यह दृश्य देख रहा है।

अब वह लोग चबूतरे के पास आए। एक-एक ईंट उखाड़कर बाबे का चबूतरा तोड़ ईंटें वहीं फेंक देते हैं। चबूतरा ईटों के ढेर में बदल चुका है। चुप्पी।

(बाऊ, उसके बेटा, इलाके के लोगों, काजमी नाटक मंडली के लोगों के साथ, किशन सिंह सिपाही, इकबाल, अमृता का मंच पर प्रवेश। सब देख रहे हैं ईटों का ढेर, और बाड़े में बिखरे भिखारियों के सामान को। बाबा बहुत तेज चाल से मंच पर चक्कर काटता है। चेहरा बिल्कुल

भयानक, आँखों में पागल चमक।

बाऊ बेटा पानी का गिलास उसकी तरफ बढ़ाता है। बाबा ने रुक कर उसे देखा। गिलास नहीं पकड़ा। बाँहों में बँधे डिब्बे हिलाये। इनमें रखे पत्थरों की खड़-खड़ लगातार कर्कश आवाजें। डिब्बे हिलाना बंद। चुप्पी।

बाबा अपने टूटे चबूतरे के पास पहुँचा। ईंटों का ढेर देखा। झुका शरीर धीरे-धीरे ऊपर उठा। वह किसी सेनापति की तरह तन कर खड़ा हो गया। लोगों के बीच से निकल छोटी दुर्गा आगे आई, बाबे के पास रुकी, उसकी तरह तनकर खड़ी हो गई।

बाबा गर्दन घुमा सबको देखता है। ईंटों के ढेर पर खड़ा हो गया। लोग अपनी जगह से चल कर उसके नजदीक आए। बाबा के प्रत्येक शब्द के बाद चुप्पी, पूरे वाक्य जितना अंतराल : शब्द के अनुसार संगीत)

बाबा : वायदा। वोट। नोट। दमन। दहशत। धर्म। दुश्मन। जैनोसाईड। जनसंहार। सावधान। सावधान। सावधान।

बाबा नाचना शुरू। हिलती बाँहों में हिलते डिब्बे। कर्कश आवाजें। बाबा मंच पर बहुत तेज भागना शुरू। डिब्बों में रखे पत्थरों की लगातार खड़-खड़ आवाजें। वह ईंटों के ढेर के पास रुका। चुप्पी। पूरे जोर से दोनों बाँहें हिलाईं। फिर डिब्बों से खड़-खड़ की आवाजें। बाबा ने बोलने के लिए मुँह खोला। कोई आवाज नहीं। तीन बार मुँह खोला, आवाज नहीं। बाबा लड़खड़ाया, नीचे गिरा। हिलना-डुलना बंद। दुर्गा ने नीचे झुक बाबा के कंकरों से भरे डिब्बे उठाए, बजाए। छोटी-सी चुप्पी। अब बाऊ बेटे ने नीचे पड़े दो डिब्बे उठाए। दुर्गा ने अपने डिब्बे हिलाए। जवाब में बाऊ बेटे ने डिब्बे हिलाए। मंच पर खड़े सब लोग डिब्बे उठा लेते हैं। दुर्गा ने अपने डिब्बे हिलाए। खड़-खड़ की आवाजें

छोटी दुर्गा : **(ललकारी आवाज)** सावधान

शेष लोग : ...ही सच है।

(डिब्बे हिलाती दुर्गा मंच के अगले भाग की ओर चलना शुरू। डिब्बे बजाते बाकी लोग पीछे। मंच के किनारे पर सब एक पंक्ति में) छोटी चुप्पी।

दुर्गा : सावधान

शेष लोग : ...ही सच है

(डिब्बों में खड़कते पत्थरों की कान फाड़ देनेवाली लगातार आवाजें। प्रकाश एकदम तेज)

दुर्गा : सावधान

शेष लोग : ...ही सच हैं

दुर्गा : सावधान

शेष लोग : ...ही सच है

दुर्गा : सावधान

शेष लोग : ...ही सच है

(परदा गिरता है।)